Comisión a Cada Nación

*Cómo personas como tú están
bendiciendo a las naciones*

Por

Richard Malm

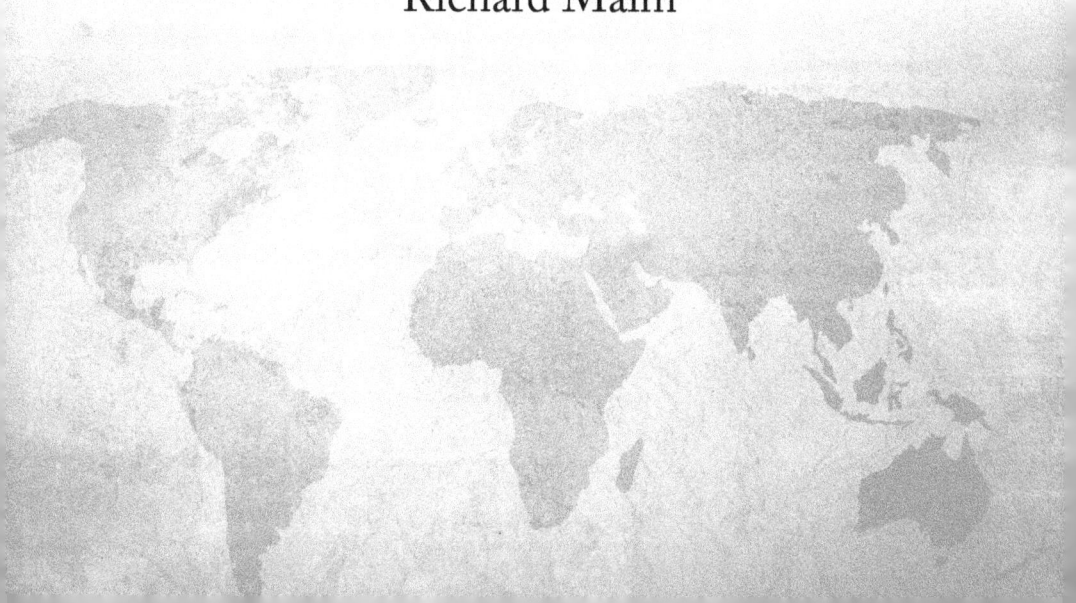

Impreso en los Estados Unidos de Norteamérica
Primera impresión, 2017
Traducción al español: Diana Vargas Flores, 2017
ISBN 978-0-9985085-3-5

Agradecimientos:
Edición: Carol Jones, Benchmark Creative Resources
Tapa: Joe Cavazos Design
Redactor creativo: Anna McKenzie

Ore Publishing
Texas

Información de contacto del autor:
Richard Malm
P.O. Box 291002
Kerrville, TX 78029-1002
RickMalm@cten.org
www.bit.ly/ricksbooks

Sus caminos
son mejores
que los tuyos.
Sus pensamientos
son más grandes
que los tuyos.
Y sus sueños
para ti
son más grandes
que los sueños
que tienes
para ti mismo.

~ RM

AGRADECIMIENTO

Gracias, Jana, por ser una fiel compañera de viaje en esta Aventura Divina. Ninguno de los dos imaginó a dónde nos llevaría ni las experiencias que viviríamos cuando iniciamos este camino. Sólo sabíamos que queríamos seguir al Señor a donde él nos llevara.

Ha sido divertido. Ha sido emocionante. Pero también hubo oscuros valles y secos desiertos. Estoy agradecido de haberte tenido a mi lado para compartir las alegrías y las penas que compartimos con Él.

También quiero agradecer a todos aquellos que son parte de nuestro ministerio para lograr que este increíble experimento sea posible. Algunos de ustedes estuvieron con nosotros desde el principio. Tuvimos el privilegio de conocer a algunos de ustedes en el camino. Apreciamos su amistad, oraciones, ánimo, y las inversiones financieras que han realizado a lo largo de los años. Al sembrar en nuestras vidas, ustedes han hecho que este sueño sea posible, el cual ha permitido que miles de otras personas sirvan a millones alrededor del mundo.

Finalmente, agradezco a todo el personal y misioneros actuales y antiguos de CTEN. Sus corazones servidores han hecho que CTEN sea mucho más que una organización. Lo han convertido en un organismo, en una familia viviente. Que siempre sea una comunidad de hermanos y hermanas amando, riendo, y sirviendo juntos para dibujar una sonrisa en el rostro de nuestro Padre.

TABLA DE CONTENIDO

No está bien o mal, solamente es distinto

He sido apuntado con un arma dos veces, me han puesto una navaja al cuello, he estado rodeado por turbas enfurecidas, y he enfrentado otras situaciones de vida o muerte. He sido amenazado de ser auditado por un furioso agente de impuestos internos. Pero, definitivamente, la experiencia más aterradora de mi vida ha sido conducir en Inglaterra. Como todos saben, los británicos manejan en el lado equivocado de la calle. Y el volante está en el lado equivocado del automóvil. Y el automóvil era de transmisión manual, así que tenía que cambiar de caja con la mano equivocada.

Era aterrado conducir allí. Pero, en consideración de todos mis amigos británicos, déjenme decirles que no hay nada de bueno o malo con los autos británicos, ni con los patrones de manejo británicos. Simplemente son distintos. Una de las cosas más importantes que aprende un misionero cuando ministra en otra cultura es que distinto no necesariamente significa bueno o malo, simplemente es diferente.

Esta es la historia de una manera distinta de hacer misiones. En este libro, explicaré por qué hacemos las cosas como las hacemos en *Commission To Every Nation* (Comisión a Cada Nación, o CTEN por su sigla en inglés), y cómo nuestros métodos surgieron de forma natural. Al hacer las cosas de manera distinta, sería fácil asumir que estoy diciendo que otros las hacen de manera incorrecta, especialmente porque tengo tanta pasión por nuestra forma de hacer las cosas.

La verdad es que tengo un profundo respeto por todas las grandes organizaciones misioneras que hacen las cosas de manera distinta a la nuestra. Un martillo y un destornillador son completamente distintos porque tienen funciones distintas. Las iglesias y las misiones son así. Cada una fue diseñada por el Maestro para cumplir con distintas funciones.

Las herramientas incluso vienen en distintos tamaños. Mientras una llave inglesa enorme puede ser impresionante, sería totalmente inútil si estoy trabajando en un espacio reducido. Dios utiliza varias herramientas, con distintos diseños y varios tamaños, pero cada herramienta, al igual que cada individuo, fue diseñada para cumplir un propósito específico y funciona de manera más efectiva si se utiliza para lo que fue diseñada, y de la manera para la que fue diseñada.

"Porque somos hechura suya, creados en Cristo Jesús para buenas obras, las cuales Dios preparó de antemano para que anduviésemos en ellas."[1]

Jesús nos dijo qué hacer: vayan y hagan discípulos. No nos dijo cómo hacerlo. Eso ha dado lugar a muchos métodos. Algunas personas conducen en el lado derecho de la calle, y otros en el lado izquierdo. Algunos van por el medio, mientras que otros directamente evitan las carreteras. No importa cómo lleguemos ahí; lo que importa es que nos mantengamos en movimiento para alcanzar la meta, alentando, apoyando y animado a los otros a lo largo del camino.[2]

¿Es tu nombre parte de su historia?

Esta es la historia de cómo Dios sorprendió a personas ordinarias e hizo cosas extraordinarias a través de ellas. Algunos de los nombres han sido modificados a pedido de aquellas personas involucradas. Pero yo podría, de todos modos, utilizar tu nombre, porque estoy seguro que Dios quiere que esta también sea tu historia. Él quiere incluirte en sus grandes planes y hacer cosas maravillosas que te sorprenderán a ti mismo, lo cual da la gloria al único nombre que importa, el suyo.

A lo largo de la Biblia, Dios eligió obrar a través de personas débiles, quebrantadas y caídas para lograr grandes cosas. Muchas veces, estas personas tuvieron miedo y no quisieron obedecer a Dios: Gedeón, Saúl, Jonás. Cometieron errores y fueron desobedientes: Moisés, David, Salomón. Muchos de ellos tuvieron grandes fracasos en su pasado: Aarón, Pedro, Pablo. Muchos eran de carácter cuestionable: Jacob, Rahab, Sansón.

Algunos dirían que Dios los utilizó a pesar de sus defectos. Estoy seguro que Dios los utilizó *por* sus defectos. De esa manera, no habría duda sobre quién recibiría el reconocimiento por las cosas fenomenales hechas a través de ellos.

Todos podemos tener razones para creer que Dios jamás haría algo milagroso a través de nosotros. No es difícil concentrarnos en nuestra falta de habilidades: no soy lo suficientemente inteligente, no soy lo suficientemente bueno, lo he intentado antes y he fracasado. Vengo de un mal entorno. Soy del género equivocado o de la raza equivocada, nacido en el lugar equivocado y en un mal momento de la historia. No soy atractivo. No tengo una personalidad carismática. Tengo demasiados problemas de salud. Nunca he tenido la oportunidad. He cometido demasiados errores en mi vida. He tenido muchos problemas con otras personas. Tengo mucho bagaje emocional. No tengo el nivel de educación necesaria, o la experiencia, o las credenciales. Soy demasiado viejo. Soy demasiado joven. Bla, bla, bla, bla.

Pero, ¿será posible que Dios haya decidido cómo sería tu crianza, tu cultura, tu situación económica, tu etnicidad, y hasta las cosas más pequeñas de tu vida, con el propósito específico de hacer cosas increíbles a través de ti para su gloria?

¿Y si esos descalificadores naturales son, en realidad, la razón por la cual Dios quiere utilizarte? ¿Y si Dios está buscando personas que saben que no tienen lo necesario? ¿Y si él permitió que tuvieras esas debilidades y te puso en esa familia imperfecta para poder hacer cosas increíbles a través de ti, para luego estar orgulloso de ellas por la eternidad?[3]

Y esta es la buena noticia: Dios nunca está decepcionado de ti. ¿Por qué? Porque, en primer lugar, él nunca tuvo ninguna expectativa acerca de lo maravilloso que serías. Se acuerda de que somos polvo.[4]

1 Corintios 1:26-30 nos da una lista de requisitos que Dios está buscando. ¿Tienes alguno de ellos? No ser sabio, no ser influyente, no tener una herencia específica, ser tonto, débil, humilde, menospreciado, ignorado. Si alguno de estos calificativos te describe, entonces calificas para ser parte de la caja de herramientas de Dios para que él pueda utilizarte para el propósito que tiene para ti.

"El tiempo se acaba... la noche está avanzada, y se acerca el día." Ahora, más que nunca, debemos responder al llamado del corazón de Jesús, orando y pidiéndole al Señor que envíe más trabajadores. Después de orar, debemos ser parte de la respuesta a la oración.[5]

Tu pieza es necesaria

Cada uno de nosotros tiene una pieza para completar el rompecabezas de la Gran Comisión. Tal vez debes ir a algún lugar. Tal
vez debes dar a otros, orar por ellos, animarlos, o interceder por
ellos. La mayoría de los misioneros que conozco hacen todo esto.
Sin importar qué pieza tengas del gran rompecabezas de la Gran
Comisión, sin importar qué tan insignificante te parezca, es vital
que pongas de tu parte y que te mantengas dispuesto a hacer más:
orar más, dar más, tal vez incluso tener que ir a ese lugar tú mismo.
Tu pieza del rompecabezas es necesaria.

Un rompecabezas de 10,000 piezas no está completo si le falta
una pequeña pieza. Y sin importar qué tan insignificante parezca
esa pieza, su ausencia sobresale en medio de toda la imagen. Tu
pieza es necesaria. Tú eres necesario. Eres necesitado. Sin tu pieza,
el rompecabezas que Dios está armando quedaría incompleto.

Mi pieza podrá parecer pequeña
En los planes del corazón de Dios
Pero la imagen no estará competa
Hasta que yo haga mi parte.

— Rick Malm

Dios no busca a personajes extraordinarios para que
sean sus instrumentos, sino que busca instrumentos
humildes a través de los cuales él puede ser honrado
a través de los tiempos.

— A.B. Simpson, Fundador de la
Alianza Cristiana y Misionera

CAPÍTULO 1

El Señor tiene el poder

"Hoy en día, una persona promedio no tiene las habilidades necesarias para ser un misionario exitoso."

Ese mensaje se encontraba en la introducción de la página web de una agencia de misiones, en letras grandes. Supongo que lograron desanimar a más personas que a las que lograron convencer para que apliquen.

La mayoría de nosotros ya sentimos que no tenemos lo necesario para ser misioneros o para hacer algo significativo para Dios. Creemos que Dios solamente utiliza a los súper cristianos, a personas que no utilizan los puentes porque pueden caminar sobre el agua. Personas que no utilizan linternas porque el brillo de su halo ilumina su camino a través de la noche.

Sabemos que eso no es cierto, pero igual sentimos que hay algo diferente en las personas que Dios utiliza para hacer grandes cosas. Son más talentosas. Sus dones y carisma son mayores. Puede que no sean "súper cristianos", pero ciertamente no son como tú y yo. Simplemente no son personas ordinarias.

Me alegra que nadie me haya dicho que no tenía lo necesario para ser un misionero exitoso cuando sentí el llamado de Dios hacia nuestra joven familia en el verano de 1990, para que nos mudáramos a Guatemala, un país devastado por la guerra en Centroamérica. Ya había demasiado de qué preocuparse. ¿Nos acostumbraríamos a la cultura? ¿Aprenderíamos el idioma? ¿Cómo lidiarían nuestros tres hijos (de edades doce, diez, y cinco) con el hecho de tener que abandonar su hogar, sus familiares y amigos? ¿Cómo los educaríamos? ¿Alguien nos ayudaría? ¿Qué hacíamos mudándonos a un país donde había escuadrones policiales de la muerte, secuestros y matanzas aleatorias, insurgentes comunistas, corrupción rampante, y el registro más grande de violación a los derechos humanos de cualquier país centroamericano?

Todo parecía estar tan en contra nuestro que literalmente le dije a mi esposa, "Jana, si vamos y en unos meses nos damos cuenta no lo lograremos, meteremos nuestras pequeñas colas entre las piernas y volveremos a casa".

Si alguien hubiera lanzado un fósforo de, "Por cierto, tú no tienes lo necesario", a la gasolina de todas nuestras inseguridades, estoy seguro que nuestra carrera como misioneros se habría quemado en llamas antes de siquiera empezar. Si "la persona promedio" no tiene lo necesario, ciertamente yo no tenía una oportunidad.

Empezando con el pie izquierdo

Mi padre biológico era un alcohólico que se tornaba violento cuando bebía. Sólo tengo dos recuerdos de él y ambos involucran la cacería. Yo no tenía más de cuatro años, y recuerdo que mis abuelos me metieron frenéticamente a un cobertizo para herramientas deteriorado, escondiéndome detrás de palas, rastrillos y herramientas de jardinería. Me dijeron que me quedara callado porque "tu padre te busca para cazarte". Podía verlo con su rifle a través de las viejas tablas. Estaba ebrio y me buscaba para matarme. El segundo recuerdo es de policías completamente armados buscando a mi padre durante la noche en un campo abierto frente a nuestra casa. Los recuerdos de mi padre buscándome para cazarme y de la policía cazando a mi padre nos son los típicos recuerdos que un niño tiene de su padre.

Mi madre lo conoció cuando estaba en secundaria. Ella estaba de voluntaria en un hospital de las fuerzas armadas, donde él era un paciente. Él se había roto el tobillo saltando por una ventana del segundo piso cuando el esposo de su novia llegó a casa antes de lo anticipado. Ignorando los consejos que se le había dado, mi madre dejó la secundaria para seguir a este tipo del cual se había enamorado.

Unos años después, cuando ella se divorció, no tenía ni experiencia, ni automóvil, y tuvo que aceptar cualquier trabajo que pudiera conseguir. Eso significaba 40 horas a la semana sumergiendo zapatos deportivos y botas en látex en una fábrica de zapatos, ubicada a una corta distancia de nuestro departamento de vivienda gubernamental en el gueto de Rock Island, Illinois. Con el primer cheque que recibió, tuvo que pagar a un vecino anciano que nos cuidaba a mí y a mi hermano menor de dos años para que madre pudiera trabajar.

Un tiempo después de divorciarse, mi madre conoció a Douglas Malm y se casó con él, un hombre maravilloso que se convirtió en mi padre, posteriormente adoptándonos a mí y a mi hermano. De hecho, él dijo haberse casado con ella por los dos niños que venían incluidos. Pero él estaba claramente loco por mi madre, porque renunció a su pasatiempo favorito, las carreras de autos, para empezar a proveer para nosotros.

Pronto nos mudamos a lo que para nosotros, en ese entonces, era una casa gigante, pero la casa se hizo más pequeña cuando nuestra familia llegó a tener seis niños. Ahora que lo pienso, me cuesta creer que los ocho cabíamos en una casa de tres dormitorios y un baño. Eso era lo normal para nosotros, pero ciertamente estábamos por debajo del "promedio".

Aprendiendo a valorar el trabajo

Seis días a la semana veía a mi padre salir a trabajar antes del amanecer, y lo veía volver arrastrándose a casa cada noche, cubierto de grasa y polvo. Él trabajaba en la empresa metalúrgica E&J, un nombre elegante para una chatarrería. Ese lugar era la peor pesadilla de un ambientalista. Eran acres y acres de automóviles oxidados tirados en el suelo, llenos de gasolina y aceite extraídos de lo que antes había sido un objeto preciado. Estas bellezas abandonadas eran arrastradas hasta su lugar final de descanso, esperando ser canibalizadas por sus faros, guardafangos o parachoques.

Y aunque jamás pasamos hambre, muchas veces tenía agujeros en mis pantalones y zapatos, antes de que fuera buena onda tener agujeros en tus pantalones. No pensé que había nada de malo en tener que meter pedazos de cartón en mis zapatos y usar botas de goma para protegerme de la nieve.

Empecé a repartir periódicos a los ocho años de edad. Mi hermano menor también tenía su ruta de entregas en cuanto tenía edad suficiente. Cuando mi madre se unió a nuestro equipo de entrega de periódicos con una gran "ruta a motor", pasé de hacer mis entregas en una bicicleta y con una bolsa pesada colgando de mi hombro a hacerlas desde la puerta trasera de nuestra descolorida vagoneta Chevy verde (la cual mi padre rescató de la chatarrería).

Sin importar el calor del verano o las tormentas del invierno, mi hermano menor, mi madre y yo salíamos lo suficientemente temprano como para terminar de hacer todas nuestras entregas a las 5:30 am. Mi hermano y yo enrollábamos, fijábamos con una liga elástica y lanzábamos los periódicos desde la puerta trasera de nuestra vagoneta, mientras mi madre conducía por nuestra ruta usual los siete días de la semana.

Apliqué a otros trabajos durante la secundaria, pero nunca obtuve una entrevista. Mientras la mayoría de mis amigos de la secundaria estaban consiguiendo trabajos "reales", yo estaba avergonzado e intenté ocultar el hecho de que seguía siendo un "*niño repartidor de periódicos*", el trabajo que había aprendido a hacer a los ocho años (porque había aprobado la prueba que el administrador de rutas me había hecho: "Si un cliente te debe 75 centavos y te da un dólar, ¿cuánto de cambio debes devolverle?").

Yo podía sumar y restar, pero algebra era mi pesadilla. La consejera de la secundaria, muy amablemente, me aconsejó considerar el "camino vocacional". Yo ni siquiera entendía qué significaba eso, y mis padres simplemente confiaron que la escuela tomaría la decisión correcta. "Vocacional" me sonaba bien porque significaba que ya no habría más matemáticas, química o física.

Después de todo, yo ni siquiera había considerado ir a la universidad, porque nadie en mi familia lo había hecho. Era costoso y solo para niños ricos. Eso definitivamente me excluía. Al acercase el fin de la secundaria, hice planes de unirme a las fuerzas armadas después de mi graduación.

Mi padre adoptivo sirvió junto a las fuerzas armadas durante la Segunda Guerra Mundial, ganando una Estrella de Plata por su heroísmo bajo fuego como médico, y era un socio activo de la Legión Americana. Yo fui criado con una fuerte dosis de patriotismo norteamericano y estaba rodeado de veteranos de la Segunda Guerra Mundial a menudo, así que las fuerzas armadas era una opción lógica y honorable.

Los fanáticos de Jesús

Luego, durante de último año de secundaria, tuve un encuentro con un grupo de "fanáticos de Jesús", el cual cambiaría el resto de mi vida, y luego yo mismo me encontré con Jesús. Mi familia asistía religiosamente a la escuela dominical (no a la iglesia) en el Moline Gospel Temple, una iglesia maravillosa, firme y muy evangélica. Conocí al Señor cuando niño, pero me aparté de él durante la adolescencia. Seguía pensando de mí mismo con un cristiano porque eso era lo que hacía los domingos, pero no coincidía con la manera en la que vivía de lunes a sábado.

Pero estos locos "fanáticos de Jesús" hablaban de Jesús los lunes de la misma manera que lo hacían los domingos. Dedicaban las 24 horas del día, los 7 días de la semana a él, y eso me parecía intrigante. Además, tenían buena música y lindas chicas cristianas, lo cual no hace daño si quieres llevar a chicos adolescentes hacia el Señor (o hacia cualquier otra cosa).

Su entusiasmo era contagioso, y yo fui infectado. Me convertí en un seguidor de Jesús en 1971, a mediados de mi último año de secundaria. Pero yo ya me había inscrito para entrar a las fuerzas navales, así que era "leven anclas" para mí.

Leven anclas

Me encantaba la fuerza naval. Me encantaba ser fotógrafo en la fuerza naval, el trabajo que me ofrecieron antes de inscribirme. Durante mi segundo año, fui transferido a la Estación Aérea Naval de Corpus Christi, Texas, donde conocí a mi esposa, Jana, en la iglesia. Me enamoré inmediatamente, y finalmente logré convencerla para que se casara conmigo. Ella era apasionada por el Señor, al igual que yo, pero ninguno de los dos podría haberse imaginado que nuestra búsqueda nos llevaría alrededor del mundo.

Pronto me designaron a la Oficina de Relaciones Públicas, junto al almirante encargado de entrenar a todos los pilotos de la fuerza naval y la marina. Parece como un cargo prestigioso para alguien que se enlistó justo después de terminar la secundaria. En realidad, fue consecuencia de no asistir a las fiestas cerveceras que organizaba mi jefe, un sub-oficial de primera clase que se había burlado de mí por mi fe.

Él me había transferido para ser parte del personal de almirante para reemplazar a uno de sus amigos borrachos que ocupaba ese cargo. El cargo implicaba muchos trabajos de fin de semana y horas extra que mantenían sobrio a su amigo. Al transferirme a ese cargo, su amigo podía estar de fiesta con él, y los trabajos de fin de semana interferirían con mi asistencia a la iglesia. Él lo veía como una situación en la que ambos nos beneficiábamos.

Yo era uno de cuatro hombres enlistados en el gran grupo de personal del almirante. De repente, me vi sumergido en un mundo lleno de personas educadas, talentosas, altamente entrenadas y calificadas. Sus uniformes tenían estrellas y barras, adornos de oro y medallas que reflejaban sus logros y campañas militares. Estos eran los mejores de Estados Unidos, y luego estaba yo. Definitivamente era como pez fuerza del agua.

Un fracaso motivado

Mi calificación de "por debajo del promedio" continuaba. La promoción de hombres enlistados dependía de una calificación que obtenías en un examen relacionado con tu trabajo. Ni siquiera estudié la primera vez que di el examen. Era un fotógrafo entrenado, después de todo. Lo hacía todos los días. ¿Qué tendría que estudiar? Lo sabía todo.

Mirando la hoja de examen completamente perdido, me di cuenta que había mucho que estudiar; lastimosamente, involucraba química, física, y muchas otras cosas que pensaba haber esquivado al elegir el camino vocacional durante la secundaria.

Al año siguiente, estudié como loco, ¡y aprobé! Pero habían cambiado los requisitos de promoción. Nuevamente había fracasado en avanzar. En mi tercer año, ¡perdí mi promoción por 75/100 de un punto! Otros hombres con los que yo trabajaba se estaban colocando sus barras, pero yo estaba estancado, el Sr. Por Debajo Del Promedio.

El máximo insulto llegó en 1976, cuando recibí una carta de la oficina de personal en Washington, D.C. La Guerra de Vietnam había acabado, y la fuerza naval estaba reduciendo su personal. Yo no había logrado ser promovido. La forma en la que estaba escrita la carta era muy militar pero, en pocas palabras, ¡la naval me estaba despidiendo! Basándose en mi fracaso de ser promovido, llegaron a la conclusión de que yo estaba "desmotivado".

Pero yo estaba altamente motivado. Simplemente no tenía lo necesario. Sólo díganme, "Sub-Oficial Por Debajo Del Promedio". Sin embargo, Dios eligió hacer cosas extraordinarias con mi tan ordinaria vida.

El tipo de persona que Dios utiliza

Hace mucho tiempo, todos soñábamos con hacer cosas extraordinarias. Cuando éramos niños, nos imaginábamos bateando el jonrón que ganaría el partido, siendo elegidos para ser el vocalista o bailarín principal, siendo coronados como el número 1 o ganando una medalla de oro. Ninguno de nosotros soñó con ser un fracasado.

Ese deseo que tenemos de hacer algo excepcional es parte de la chispa divina que Dios nos da a cada uno de nosotros. Porque somos hechura suya, creados para hacer grandes cosas que le den la gloria.[6]

Por eso, debemos desear que nuestras vidas signifiquen algo, haciendo grandes cosas para glorificar a Dios. William Carey, el padre de las misiones modernas, dijo: "Espera grandes cosas *de* Dios. Intenta hacer grandes cosas *para* Dios".

Pero la vida tiene formas de decepcionarnos. Nuestros sueños son pisoteados y destrozados hasta que encajen dentro de nuestra diminuta caja de habilidades. Comenzamos a creer que no podemos hacer nada grandioso porque no tenemos los requisitos, el carisma, los talentos, la confianza, o las fuerzas que otros tienen.

Mi caja definitivamente era pequeña y limitada. Yo venía de una historia caótica. Conocía los defectos de mi corazón. Conocía cada incontrolable pensamiento maligno que pasaba por mi cerebro, como gorriones volando de un árbol a otro. Sabía lo dañado, insensible, prejuicioso y orgulloso que era. Ciertamente, no era dulce e íntegro como aquellos cristianos que me rodeaban en la iglesia.

En muchas formas, mi cristianismo se parecía a mi posición en el equipo del personal del almirante. Yo era un chico enlistado que apenas se había graduado de la secundaria, rodeado de los mejores oficiales norteamericanos: altamente entrenados, pilotos y líderes muy capacitados, hombres de acción y experimentados. Me sentía de la misma manera en la iglesia. Había tantas personas talentosas y con dones que Dios ciertamente utilizaría para hace cosas increíbles, y luego estaba yo, el Sr. Por Debajo Del Promedio.

Algunos de nosotros hemos arruinado nuestras vidas de manera bastante notable. Algunos de nosotros hemos sido arruinados por otros. ¿Realmente elegiría Dios personas ordinarias, como tú y yo, cuando existen tantas personas calificadas, talentosas, entrenadas, y llenas de dones de las cuales él podría elegir?

¡Sí!

En la época de Jesús, los estudiosos de la biblia, maestros, seminaristas y religiosos más talentosos, educados y dotados del mundo se encontraban en Jerusalén. Estaba lleno de guardianes de la ley, personas con títulos perfectos e impecables historiales.

Seguramente Jesús podría haber ido al templo y llevar a cabo entrevistas para elegir a sus discípulos. Él podría haber encontrado a los eruditos y comunicadores más brillantes y talentosos de su época. Estaban ahí, reunidos en Jerusalén, dispuestos y deseosos de servir a Dios.

Él estaba eligiendo hombres para la misión más difícil y crucial que se le haya otorgado a la humanidad. No había un plan B. Tenían que ser exitosos.

Estamos tan familiarizados con la historia que pierde su valor real pero Dios no eligió a ningún erudito para, literalmente, la tarea más importante de todos los tiempos. No eligió a ningún teólogo. No eligió a ninguna persona calificada.

Él eligió a "hombres sin letras y del vulgo."[7] Eligió a un empleado de bajo rango del gobierno. Eligió a un radical político. "Lo necio del mundo escogió Dios, para avergonzar a los sabios."[8] Escogió al hombre por debajo del promedio.

Este siempre ha sido el método utilizado por Dios. Gedeón estaba lleno de temor y ocultándose del enemigo cuando Dios lo escogió para ser su gran hombre de valor. Dios obvió a cada soldado endurecido por la guerra del ejército israelí y eligió al joven David para enfrentar a Goliat. Muchos de los hombres que rodeaban a David venían de pasados cuestionables, pero se convirtieron en sus hombres poderosos que lograron cosas extraordinarias.[9]

Dios sí eligió a un hombre destacado para ser el primer rey de Israel. La biblia dice que no había mejor hombre en Israel que Saúl.[10] Pero Saúl fracasó miserablemente. Luego Dios eligió a David, que era un candidato tan inadecuado que hasta el mismo padre de David lo ignoró. Dios elige a David, de buen corazón, por encima de Saúl, de buen aspecto.

Por eso, rechazo por completo la idea de que la "persona promedio" no es calificada y adecuada. Creo firmemente que Dios utiliza a personas ordinarias para hacer cosas extraordinarias.

La única limitación es la habilidad de Dios

Romanos 14:4 pregunta, "¿Tú quién eres, que juzgas al criado ajeno?"[11] ¿Quién soy yo para determinar lo que Dios puede o no hacer a través de este hombre o esa mujer?

No hay perfiles de personalidad, pruebas psicológicas, entrevistas, ni otras técnicas de selección que puedan predecir lo que Dios va a hacer a través de uno de sus siervos. Cuando el Señor se involucra, se convierte en un gran impulsor. Este hombre, esta mujer, tiene estas limitaciones y sólo puede llegar hasta tal punto. Pero cuando Dios interviene, los resultados pueden ser más grandes de lo que podíamos imaginarnos.

Cuando un hombre o una mujer camina en obediencia, las limitaciones ya no forman parte de su diminuta caja de habilidades. La única limitación es la habilidad de Dios. A Dios le agrada tomar al último y más pequeño, y convertirlo en el primero y en el mejor. De hecho, nuestras habilidades a veces se convierten en obstáculos para el Divino. "Es necesario que él crezca, pero que yo me disminuya."[12]

"¿Quién eres tú para juzgar al siervo de otro?"[13] Esta pasaje bíblico continúa: "Que se mantenga en pie, o que caiga, es asunto de su propio señor. Y se mantendrá en pie, porque el Señor tiene poder para sostenerlo."[14]

¿Entendiste la última parte de ese versículo? Se *mantendrán* en pie. No se mantienen en pie por su genética favorecida, sus talentos o entrenamiento. Se *mantendrán* en pie; serán exitosos, porque "el Señor tiene el poder".

Tú y yo podemos hacer cosas increíbles porque él tiene el poder. Tú puedes ver ese sueño increíble que Dios puso en tu corazón hacerse realidad porque él tiene el poder.

Esto no se trata de ti. Esto no se trata de mí. Esto no se trata acerca de lo que nosotros queremos hacer. Esto se trata de Dios engrandeciendo. Esto se trata acerca de lo que él quiere hacer. Pero él quiere engrandecer su nombre utilizándonos a ti y a mí.

Si yo juzgo a alguien y digo que es incapaz, en realidad estoy diciendo que Dios no es capaz. Cuando me describo a mí mismo como incapaz, estoy diciendo la misma mentira. Estoy diciendo que Dios no es capaz. Pero Dios quiere demostrar que estamos equivocados. Él quiere demostrar que él puede lograr cosas increíbles, incluso a través de ti y de mí.

Al Señor le encanta tomar a los que están por debajo del promedio, los incapaces, los descalificados, y hacer cosas extraordinarias a través de ellos… porque eso demuestra que él tiene el poder.

¿Cómo lograr que ese sueño de Dios se haga realidad?

Mi historia, al igual que las historias de muchos otros, me ha convencido que cualquiera puede ser misionero. De hecho, estoy convencido de que tú puedes hacer cualquier cosa que Dios ponga en tu corazón. Pero debes empezar por donde tú estás.

Toma el primer paso que puedas tomar para hacer realidad ese sueño de Dios. No tienes que saber cuáles serán los pasos que tomarás a lo largo del camino. Sólo debes saber cuál será el próximo paso, y darlo.

¿Qué puedes hacer hoy para que tu matrimonio sea grandioso? ¿Qué puedes hacer hoy para ser un mejor empleado, para ser un mejor jefe, para ser un mejor padre, para ser un mejor amigo? ¿Qué puedes hacer hoy para escribir ese libro, iniciar ese negocio, para cumplir el sueño que Dios puso en tu corazón?

La fe requiere acción. Haz lo que puedas, y observa a Dios hacer lo que sólo él puede hacer. Se trata de él honrándose a sí mismo logrando cosas extraordinarias a través de personas ordinarias.

Si alguien me hubiera dicho que Dios me utilizaría para iniciar una agencia misionera que mandaría a miles de personas ordinarias alrededor del mundo, no lo hubiera creído. De hecho, aún hay momentos en los que todavía no lo creo.

Este libro se trata de cómo Dios hizo cosas extraordinarias a través de un tipo ordinario. Mi meta es mostrarte que tú puedes hacer cualquier cosa que Dios ponga en tu corazón, sin importar qué tan descalificado seas, porque tu descalificación es la primera calificación que Dios busca.

Ahora que he estado involucrado en este tema de misiones y ministerios por más de 40 años, creo que la declaración en esa página web de misiones tiene algo de cierto. Si eres una persona promedio, no tienes lo necesario, y ese es exactamente el motivo por el cual Dios quiere utilizarte.

Padre, me siento tan inadecuado.
Y me alegra que así sea.
Porque Señor, si fuera adecuado,
No te necesitaría.

— AUTOR DESCONOCIDO

Los misioneros son personas muy humanas…
son simplemente un montón de don nadies
tratando de exaltar a Alguien.

— JIM ELLIOT, MÁRTIR MISIONERO EN ECUADOR

CAPÍTULO 2

No pensé que podrías hacerlo

En 1976, cuando me estaban dando de alta de la fuerza naval, mi pastor me invitó a una reunión del personal de la iglesia a la que mi esposa y yo íbamos en Corpus Christi, Texas. Me animó a hacer buen uso de mis beneficios militares e ir a la universidad mientras ayudaba en la iglesia haciendo impresiones, operando el sistema de sonido, y haciendo cualquier cosa que pudiera hacer para servir. A cambio de eso, me pagarían $100 a la semana.

Ciertamente, Dios no se opone al entrenamiento y a la educación, y no hay virtud en la ignorancia. La biblia nos dice repetidas veces, "adquiere sabiduría", que estudiemos para demostrar que somos capaces. El libro de Eclesiastés compara la educación con afilar un hacha. Es más fácil derribar un árbol con un hacha afilada que con una que perdió su filo.[15]

Es cierto que Dios utilizó gente "sin estudios ni preparación", [16] pero los dos hombres que escribieron gran parte del Nuevo Testamento, Pablo y Lucas, eran ambos altamente educados. No hay nada de malo en ser una persona "sin estudios", pero tampoco debemos enorgullecernos de ser así.

El deseducado Pedro nos dice que no debemos mantenernos ignorantes: "esfuércense por añadir a su fe, virtud; a su virtud, entendimiento."[17] Por otro lado, el altamente educado Pablo tuvo que dejar de lado su "gran elocuencia y sabiduría". Él tuvo que reducir su mensaje simplemente a "no saber de cosa alguna, excepto de Jesucristo, y de este crucificado".[18]

La clave para ser utilizado por Dios

No debemos pensar que Dios no puede utilizarnos porque nos falta educación, pero también debemos aprovechar las oportunidades para aprender y "afilar el hacha". La clave aquí es la humildad. Si nosotros estamos orgullosos de nuestra educación o de nuestra ignorancia, el mismo Dios se interpondrá en nuestros esfuerzos. Él se opone a los orgullosos.[19]

Durante los próximos cuatro años, trabajaría alrededor de treinta y cinco horas a la semana en la iglesia, estudiaba tiempo completo en la universidad, y me gradué con una licenciatura en administración de empresas. Justo antes de mi graduación, los ancianos de la iglesia que estaban a cargo de la escuela de la iglesia pidieron reunirse conmigo.

"Tenemos una escuela no cristiana en una escuela cristiana, especialmente la secundaria", me dijeron. "Queremos que seas el director de la escuela y cambies eso."

Yo tenía tan solo 25 años. Mis propios hijos eran de edad preescolar. Mi nuevo título era en negocios. No tenía idea cómo hacer que una escuela funcionara, mucho menos qué hacer para que una que estaba en caída pueda recuperarse. Sabía que estaba completamente descalificado, y que esto estaba muy por encima de lo que yo podía hacer. Las posibilidades de que yo pudiera lograr esto estaban completamente en mi contra.

Sólo había una respuesta razonable.

"¡Hagámoslo!"

Esta fue una de las primeras veces que vi a Dios utilizar a una persona descalificada, a mí. Sabía que si no me apoyaba completamente en él, fracasaría miserablemente. Dentro de cuatro años, la escuela se había transformado. Pero era claramente el Señor obrando a través de un personal increíble, y el Espíritu Santo obrando en las vidas de los alumnos.

Decidí que si iba a ser el director de una escuela, debería saber algo al respecto. Así que volví a la universidad, utilizando lo que quedaba de mi pensión de soldado norteamericano, para adquirir una maestría en Administración Educativa.

Mientras estudiaba para obtener esa maestría, el pastor que me había invitado a formar parte del personal de la iglesia se fue de Corpus Christi para iniciar un centro de capacitación misionero en el área de Hill Country en Texas. Luego me pidió que me uniera a su arriesgada aventura. Yo ayudaría a plantar y ministrar una iglesia vinculada con el centro de capacitación misionero que pronto se construiría.

Yo estaba por terminar mi maestría en Educación. Estaba empezando a sentirme lo suficientemente competente como para liderar en la escuela, y ahora me estaban invitando para iniciar algo nuevo, algo para lo que no estaba calificado.

Noticias impactantes de mi pastor

¿Qué sabía yo de misiones? No mucho. ¿Qué sabía yo de plantar una iglesia? Aún menos. Pero mi esposa, Jana, y yo sentimos que Dios nos estaba llamando para lanzarnos y arriesgarnos. Implicaba una reducción de salario del 50%, con las probabilidades altamente en nuestra contra. Pero en febrero de 1986, sacamos a nuestros tres hijos de la comodidad y seguridad de nuestra iglesia ya bien establecida, de la cual mi esposa había sido parte toda su vida, para iniciar esta arriesgada nueva aventura, a 7 millas de dis-tancia de Kerrville, Texas.

Durante este tiempo, trabajé muy de cerca con el pastor que inicialmente me había invitado a ser parte del ministerio, y me dijo algo que fue un poco impactante. Yo ya había trabajado a su lado durante doce años cuando me dijo, "El único motivo por el cual te contraté ni bien saliste de la fuerza naval fue por que Dios me dijo muy claramente que lo hiciera. Yo pensaba que eras el candidato más inadecuado para el ministerio que había conocido. No pensé que lo lograrías."

¡Auch! Me alegra que él no me dijera eso 12 años antes. Pero, debo admitir que tenía razón. Yo era el candidato menos adecuado para el ministerio y, bajo todos los estándares, no era probable que tuviera éxito. Las probabilidades estaban radicalmente en mi contra.

Creo que esas son las probabilidades que a Dios le encantan, las imposibles. ¿Por qué otro motivo le pediría a Gedeón que envíe a la mayoría de su ejército de vuelta a casa? ¿Por qué enviaría a un fugitivo de la ley de vuelta a Egipto armado tan sólo con un palo para enfrentar al líder más poderoso en la faz de la tierra? ¿Por qué más rodearía a la diminuta nación de Israel de enemigos poderosos? ¿Por qué más te llamaría a ti para realizar ese sueño imposible que él ha puesto en tu corazón?

Estoy convencido de que es porque Dios ama las posibilidades imposibles.

Contra todo pronóstico, este hombre por debajo del promedio y muy ordinario, que no pudo ser promovido en la fuerza naval, logró terminar la universidad con honores. Este hombre, que fue dirigido a tomar el camino vocacional en la secundaria, revisaba calificaciones para que otros estudiantes de secundaria tuvieran éxito en la universidad. Este hombre, sin capacitación en un seminario o estudios bíblicos, estableció una iglesia saludable que ha visto muchas vidas ser transformadas por el evangelio.

A Dios parece encantarle utilizar a personas ordinarias y no aptas. Él parece estar celosamente comprometido a que la gloria sea suya. Pero Dios todavía no había terminado de mostrar sus capacidades a través de mi incapacidad.

Después de ser pastor durante cuatro años, Jana y yo empezamos a sentir que Dios nos llamaba a hacer algo nuevo. No teníamos idea de qué era. Si iba a seguir el mismo patrón de antes, él nos lanzaría nuevamente a la arena que nos cubriría de pies a cabeza. Y es exactamente lo que hizo.

Cómo proceder cuando no estás seguro

Recibimos una llamada de Steve, el fundador de una agencia misionera que enviaba grupos a corto plazo a Centroamérica. El hermano de Steve, David, era un bueno amigo al que visitábamos en Guatemala. Steve me preguntó si llevaría a mi familia a Guatemala para liderar su equipo de misioneros allí. Específicamente, quería que yo empezara un programa de capacitación para nuevos misioneros que quisieran unirse a su organización, *Missionary Ventures*.

En realidad, era bastante gracioso. Yo nunca había sido un mi-sionero. Nunca había vivido fuera de los Estados Unidos. El centro de capacitación para misioneros que estábamos intentando arrancar en Texas era un fracaso total. A pesar de cientos de miles de dólares y cuatros años de orar, sudar y llorar, jamás logramos enviar a un solo misionero. Yo no tenía una gran red de contactos, y nos veíamos obligados a recaudar nuestros propios fondos. ¿Él quería que capacitara misioneros? ¿Acaso estaba bromeando?

Oramos. En mi corazón, sentía que era un llamado del Señor, pero no escuchamos ninguna voz ni recibimos confirmaciones que hicieran temblar la tierra. Jana estaba menos segura que yo, pero estaba dispuesta a hacerlo, confiando en que Dios nos guiaría.

Debo admitir que envidio mucho a aquellas personas que escuchan tan claramente al Señor, que no tienen duda que es Dios llamándolos a hacer algo. Nunca fue así para mí. Para mí, seguir al Señor siempre ha sido más como, "sigamos adelante en medio de la neblina."

Nunca he estado 100% seguro, por lo menos no hasta que me comprometo y me animo a salir del bote. Cuando estoy un 70% seguro de que estoy escuchando al Señor, empiezo a caminar hacia adelante, dando pequeños pasos y pidiéndole que me detenga si estoy yendo en la dirección equivocada. Siempre ha sido fiel al hacerlo.

Decidimos aceptar esta invitación para las misiones, tomando un pequeño paso a la vez. Si no era del Señor, él podría cerrar la puerta en cualquier momento (y realmente esperamos que lo hiciera, porque había muchas razones por las cuales nosotros no queríamos meternos en el tema de las misiones).

Debido a dificultades financieras, la presión de la nueva iglesia y de nuestra propia comunidad, nuestro matrimonio llegó a un punto bajo como nunca antes lo había hecho. Jana lidiaba con dolor físico el cual, después de pruebas médicas extensas y costosas, el doctor determinó que se debía al "estrés". Nuestros hijos no querían irse; el mayor era bastante firme y expresivo al respecto. Prácticamente, en todas las áreas de nuestras vidas, estábamos invadidos por el estrés. Definitivamente, no éramos los mejores candidatos para ser misioneros, pero podíamos sentir a Dios diciéndonos, "Vayan".

Paso pequeño #1 — Asistir a consejería. Acudí a un pastor mayor que nos había dado consejería a mí y a Jana, y era un amigo muy querido para nosotros. "Sam, sabes que hemos estado teniendo problemas en nuestro matrimonio. Sabes lo presionados que nos hemos estado sintiendo, tratando de establecer la nueva iglesia y el centro de capacitación para misioneros. Sabes acerca de los problemas físicos inducidos por el estrés con los que ha estado lidiando Jana, y sabes que tenemos tres hijos pequeños. Pero siento que Dios nos está llamando para irnos a vivir a Guatemala y servir en *Missionary Ventures*."

Él señaló lo obvio. "Sabes que mudarse a Centroamérica para ser misioneros no va a reducir el estrés."

"Lo sé," contesté. "¿Pero qué haces cuando sientes que es lo que Dios te está pidiendo que hagas?"

"Obedeces," contestó él.

"Eso es lo que pensé," le dije, "solamente necesitaba oírlo de una persona mayor y más sabia."

Debemos obedecer a lo que sentimos que Dios nos está diciendo y tomar el siguiente paso pequeño. Pero este nos haría tropezar y le pondría fin a esta loca aventura misionera.

Paso pequeño #2 — Conocer al directorio. Fuimos a entrevistarnos con el directorio de *Missionary Ventures*. No queríamos sorpresas, así que decidimos avisarles desde el principio que teníamos problemas en nuestro matrimonio, que no sabíamos nada acerca de capacitar misioneros, y que no estábamos seguros si lograríamos recaudar lo necesario para ir. Pensamos que creerían que no éramos las personas indicadas para el trabajo, y que hasta ahí llegaría todo.

El directorio del personal estaba conformado por un par de médicos y un agente de seguros. Jana y yo les dijimos que estábamos emocionados de tener esta oportunidad y que queríamos ir, pero también les hablamos sobre nuestras dudas, miedos, y luchas. Les contamos todos los motivos por los que pensábamos que era una idea loca, y que en realidad no estábamos calificados para hacer este trabajo. Hicieron muchas preguntas profundas y escucharon nuestra historia.

Aunque nos escucharon, no sé si es que no prestaron atención a una sola palabra de lo que dijimos, o si realmente creían que Dios se glorificaría utilizando personas ordinarias, no cualificadas, y que estaban lidiando con problemas. Nos pidieron unánimemente que fuéramos nuevos misioneros con *Missionary Ventures*.

Paso grande #1 — Superando obstáculos. Volvimos a casa, sorprendidos de que Dios mantuviera la puerta abierta. Pero aún había muchos obstáculos. Tuvimos que vender nuestra casa en un momento en el que Texas pasaba por una crisis económica. Varias casas de nuestro vecindario se quedaron vacías y podían ser adquiridas del banco tan sólo empezando a pagar la hipoteca mensual.

Paso grande #2 — Recaudando ayuda. Debíamos recaudar nuestros propios fondos para proveer para nuestra familia. También debíamos recaudar fondos adicionales para cubrir los costos de la mudanza y establecernos en Guatemala. Además, debíamos cubrir los costos relacionados con los estudios del idioma. La iglesia en la que habíamos estado pastoreando estaba teniendo dificultades económicas, así que sabíamos que ellos no podrían ayudarnos. Había muchas familias sin trabajo en nuestra congregación, y ésta se encontraba con enormes deudas y gastos que surgirían a raíz de la visión del centro de capacitación para misioneros.

No contábamos con una gran red de personas a las que pudiéramos acudir, y tampoco teníamos un tío rico que estaba listo para ayudarnos. Dios tendría que trabajar horas extra para hacer que esto funcionara.

Lo que atemoriza hasta a los misioneros más valientes

Muchas personas llegan a *Commission to Every Nation* (CTEN) de la misma manera que Jana y yo, paso a paso, siguiendo al Señor y confiando que él guíe y provea cada día. Tienen una oportunidad, y quieren aprovecharla, pero se preguntan si podrán superar todos los obstáculos. Generalmente, el más atemorizante es recaudar los fondos necesarios.

A la mayoría de las personas no les molesta pedir a otras que oren por ellas. Pero, ¿pedirles dinero? Bueno, eso sí es difícil.

Comer insectos, dormir en una colchoneta de bambú, el calor agobiante, enfermedades extrañas, y todas aquellas cosas que las personas piensan que el típico misionero debe enfrentar, son desafiantes. Pero la mayoría de los misioneros superan estos obstáculos sin problema. "Después de todo," pensamos, "si sobrevivimos a esto, ¡será una buena historia para nuestro boletín informativo! Asegúrate de tomar fotografías, querida." Pero, ¿recaudar fondos? Creo que preferiría comer larvas de termitas y carne de mono.

Cuando comencé a recaudar fondos para ir a Guatemala, seguramente no habría tenido el coraje de hablar acerca de nuestra necesidad con otros, pero Proverbios 16:26 se hacía sentir en el aire. Dice (y lo estoy poniendo en mis propias palabras), "El hambre es buena porque motiva al trabajador a trabajar." Si yo no me "ponía a trabajar" para pedirle a las personas que se unan a nuestro equipo de apoyo, iba a ser rápidamente motivado por tres hijos y una esposa hambrientos.

Yo ya había salido del bote. Había renunciado a mi trabajo como pastor. El liderazgo de la iglesia me prometió seis meses de sueldo mientras yo trataba de encontrar apoyo. Pero después de hacer sus cálculos nuevamente, lo redujeron a seis semanas. Yo agradecía cualquier ayuda que recibiera, pero eso significaba que no tenía mucho tiempo. Debía hacer esa primera llamada para pedir ayuda.

Decidí llamar a un amigo pastor que estaba seguro que diría, "Sí." Necesitaba una pequeña victoria para empezar. Era demasiado tímido para pedirle en persona que nos ayudara, o para pedirle que nos incluyera dentro del presupuesto para misiones de la iglesia. Quería ver si podríamos visitar la iglesia y compartir nuestra visión con la congregación durante unos cinco minutos, con la esperanza de que tal vez alguien nos ayudara.

Mi pedido recibió como respuesta una explicación acerca de que estaban en medio de un plan de construcción y que su presupuesto era limitado.

"Ah, lo comprendo. No estoy pidiendo que nos incluyan en el presupuesto de la iglesia. Sólo me gustaría compartir con ustedes el llamado que hemos recibido de Dios y ver si hay alguien que estuviera interesado en ser parte de esto."

Recibí otra excusa.

Traté de aclarar las cosas nuevamente. Lo único que pedía era la oportunidad de compartir nuestra visión. Seguro que él no estaba entendiendo bien lo que le pedía.

Después de la tercera excusa, por fin entendí, "Está diciendo que no. Absolutamente no."

Colgué el teléfono sintiéndome devastado. Esta era mi gran oportunidad, y la perdí por completo. Mi carrera como misionero terminó antes de siquiera empezar. Si un amigo y compañero pastor no podía darme cinco minutos para hablar con su pequeña congregación, ¿entonces quién creería en nosotros lo suficiente como para enviarnos dinero?

¿Estás atrapado en el Mar Rojo? Recuerda quién te llevó hasta ahí

Al igual que nosotros, muchos misioneros de CTEN vienen de pequeñas Iglesias que los apoyan espiritualmente, pero no pueden ayudarlos económicamente. La mayoría no tiene una gran red de conexiones para pedir ayuda. Todos se sienten incómodos pidiendo ayuda y muchos fueron aconsejados por sus propias familias de que dejaran de lado esta locura de ser misioneros y busquen un "trabajo de verdad".

No saben a quién acudir. No saben cómo preguntar. No quieren preguntar. Pero eso es lo que deben hacer. Ningún país lo quiere recibir para les quiten el trabajo a su gente para recaudar sus propios fondos. Además, aún si lograran ir y conseguir un "trabajo de verdad", pasarían la mayor parte de su tiempo ganándose la vida y haciendo todas las demás cosas que implica vivir en otro país. Tendrían muy poco tiempo para dedicarse al ministerio.

Podemos ver nuevamente que Dios parece haber puesto obstáculos para él mismo y para su pueblo. Ha enviado a Gedeón de vuelta a casa. Ha puesto a un joven pastor a luchar contra un guerrero gigante. Ha atrapado a su gente entre el Mar Rojo y el enfurecido ejército del Faraón.

Cuando te encuentres ante este tipo de imposibilidad, y si no lo te ha pasado todavía, lo hará, es importante que recuerdes que este es el modo operandi de Dios: es la forma en la que le gusta hacer las cosas. A veces, parecerá que el muro que estás enfrentando se debe a la falta de buena planificación. Eso es lo que Israel le dijo a Moisés, "¿Para qué nos trajiste hasta aquí?" Pero fue Dios, no Moisés, el que los llevó hasta esa desesperante situación, en la que se encontraban atrapados a la orilla del Mar Rojo.

A veces, parecerá una racha de mala suerte, como en el caso de Job, que toda su vida se desmoronó al mismo tiempo. A veces, los obstáculos serán tan agobiantes y terminantes que parecerá que tu sueño es inalcanzable y está totalmente muerto, tan muerto como la esperanza que tenían los discípulos de que su líder asesinado sería el Mesías prometido.

Pero si has estado siguiendo a Dios durante este emprendimiento, aún si solo estás 70% seguro de que viene de él, puedes estar seguro de que en esta imposibilidad, Dios está diciendo, "Yo me encargo. Sólo observa." Él dividió el mar para Moisés. Le devolvió a Job más de lo que había perdido. Resucitó a Jesús. Y ese mismo poder que liberó al pueblo de Dios en el Antiguo y Nuevo Testamento es el que está obrando para cumplir su sueño a través de ti.

¿Por dónde comienzas a recaudar el dinero suficiente como para mudarte a Centroamérica y mantener a una familia de cinco? ¿Por dónde empiezas a cumplir un sueño imposible? Empiezas por hacer lo que puedas, y luego confías en que Dios hará lo que sólo él puede hacer.

Enviamos una carta personalizada a todas las personas que se nos ocurriera, contándoles sobre este nuevo camino y pidiéndoles que nos ayudaran económicamente.

Era incómodo. Fue una tarea difícil. ¿Qué pensaría la gente? ¿Podría el hecho de hablar de dinero arruinar algunas amistades? Enviamos las cartas y esperamos. Y esperamos. No hubo respuesta.

Ya era demasiado tarde para retractarnos. Ya habíamos renunciado a la iglesia. Habíamos logrado, milagrosamente, vender nuestra casa en 10 días, a un precio justo, ¡a un comprador que pagó en efectivo y que también quería nuestros muebles! Pero no estábamos recibiendo ningún apoyo. Estábamos parados en la orilla del Mar Rojo. No podíamos retroceder. Estábamos comprometidos, y a veces pensábamos que deberían encerrarnos por estar completamente locos.

Mandamos una segunda carta un mes después. Y, nuevamente, lo único que pudimos hacer fue esperar. Nunca olvidaré el día que recibimos una respuesta de una pareja de ancianos que habíamos conocido años antes. Nos escribieron para decirnos que nos enviarían $10 al mes. Eran los $10 más dulces que podíamos imaginar. Alguien realmente creía en nosotros. Tal vez, y solo tal vez, Dios nos mostraría que él tiene el poder, el poder para ayudar a sus siervos a salir adelante.

Cualquiera puede ser misionero

Dios nos levantó por encima de las vallas, una por una. Nuestro primer socio financiero luego fue seguido por otros. La manera milagrosa en la que vendimos nuestra casa le dio a Jana una gran seguridad de que Dios estaba en esto. Aprovechamos cada oportunidad que tuviéramos para hablar sobre lo que estábamos haciendo: en grupos de estudios bíblicos, en la capilla de un hogar de ancianos, con personas que encontrábamos en el supermercado o en la calle. Hasta nos dieron la oportunidad de hablar en un par de Iglesias y conocer gente nueva.

Fue después de hablar en una de esas Iglesias que pasó algo que me recordó que esto no se trataba de nosotros. Esto se trataba de un gran Dios que tenía una misión que quería cumplir. Y él estaba utilizando a esta pareja muy ordinaria y para nada calificada para llevarla a cabo, para que quede claro quién merecía el reconocimiento.

Hablé en una pequeña iglesia de habla hispana. "Qué irónico," pensé. "Le estoy pidiendo a este grupo de hispanos que ayuden a un gringo a aprender español para ministrar a personas que hablan español."

Hablé desde lo más profundo de mi corazón, y al terminar mi mensaje, el pastor (a quien sólo había visto un par de veces) subió al escenario para terminar el servicio. Era obvio que había quedado profundamente conmovido. ¿Sería por mi mensaje? ¿Sería por la pasión que sentía por las misiones? ¿Qué lo había conmovido tanto?

Poco a poco, él fue explicando. "Cuando yo era niño, escuché a Jim Elliot. Desde ese día, tengo un gran respeto por las misiones. Pensé que los misioneros eran súper cristianos, más allá de lo normal. Pero hoy, mientras escuchaba hablar al hermano Malm, me di cuenta de que cualquiera puede ser misionero."

Pueden pensar que estoy loco, pero yo me tomé eso como un cumplido. De hecho, es probablemente uno de los más grandes cumplidos que he recibido.

El Pastor Ortiz tenía toda la razón. Dios no busca súper hombres o súper mujeres. Él busca personas ordinarias a través de las cuales él puede hacer cosas extraordinarias. Él no espera que seamos valientes y grandes visionarios; Gedeón y Moisés no lo eran. Ni siquiera espera que seamos completamente obedientes; David y Sansón no lo fueron. Simplemente busca a los que aceptarán su invitación, a los que dirán, "Aquí estoy. Envíame a mí." (Lo cual incluso Moisés, Jonás y Gedeón hicieron titubeando).

Sí, cualquiera puede ser misionero, pero no tenía idea del peso que esa frase tendría en mi vida. Cuatro años después, me encontraría iniciando una agencia con la meta de que sea fácil responder a ese llamado de Dios: "¿A quién enviaré y quién irá por nosotros?"

Cuatro años después, me encontraría "Ayudando a personas ordinarias unirse a Dios para lograr cosas extraordinarias."

*Muchas veces, la adversidad prepara a una
persona ordinaria para un destino extraordinario.*

— C.S. LEWIS, NOVELISTA, POETA Y
APOLOGISTA CRISTIANO BRITÁNICO.

*Dios utiliza personas lo suficientemente
débiles y frágiles como para apoyarse en él.*

— HUDSON TAYLOR, MISIONERO EN CHINA Y
FUNDADOR DE *CHINA INLAND MISSION.*

CAPÍTULO 3

Ya lo intenté, y fracasé por completo

¡Nos encantaba Guatemala!

Hasta nuestros hijos, quienes inicialmente no querían ir, se enamoraron de su nuevo hogar Latinoamericano.

Me encantaba el idioma, la cultura, la comida, nuestros compañeros de trabajo y los ministros nacionales con los que trabajábamos. Me encantaba liderar a los grupos y todo lo demás que hacíamos con *Missionary Ventures*. Hasta los puestos de control policial aleatorios y sus intentos de conseguir algún tipo de soborno eran, para mí, parte del encanto exótico.

Disfrutamos el clima fresco de nuestro hogar, ubicado de siete mil pies (2100 metros) sobre el nivel del mar, y los dos espectaculares volcanes que nos saludaban cada mañana. A Pacaya le gustaba alardear, arrojando lava miles de metros hacia el cielo. El clima era "aburridamente perfecto" cada día. ¡Estábamos viviendo en el paraíso!

Sí, hubo retos. A veces, las guerrillas comunistas explotaban una torre eléctrica en algún lugar del país. Y muchas veces eso dejaba a la ciudad capital, la Ciudad de Guatemala, en oscuridad. Pero nuestro pequeño rincón del cielo estaba protegido hasta de ese tipo de inconvenientes.

Vivíamos cerca de tres torres militares de comunicación cruciales. Todas estaban vigiladas y era una prioridad estratégica mantenerlas en funcionamiento, lo cual también nos beneficiaba a nosotros.

Conducía desde nuestro hogar en San Lucas, Sacatapequez, hasta Antigua cada mañana estudiar español, un sueño que había tenido toda mi vida. Mi "aula" era sobre el techo del Centro Lingüístico Maya, donde me sentaba frente a mi tutor privado en una mesa de un metro por un metro y medio, hecha a mano. Me costaba mucho concentrarme en mis estudios porque estaba tan abrumado por la increíble belleza que me rodeaba, y mi cerebro se saturaba rápidamente de terminaciones verbales y conjugaciones.

Era como vivir en las páginas de *National Geographic*; calles empedradas, ruinas arqueológicas de 400 años que habían sobrevivido tres terremotos históricos, y paredes coloridas que a veces dejaban ver rastros de adobe donde el yeso se había caído. Las cascadas de buganvilla y los tres volcanes llenaban la ciudad de color y majestuosidad. Los días cálidos y llenos de brisa hacían que todo pareciera demasiado perfecto. Con razón la llaman la "Ciudad de Eterna Primavera".

Pusimos a nuestros hijos en una escuela guatemalteca; mala idea. Luego los educamos en casa, con la ayuda de Terri Jacobs. Yo era el director de colegio de Terri cuando ella estaba en secundaria, y aún en esos tiempos ella ya demostraba interés por las misiones. Estudió para conseguir su certificación como maestra, y el Señor nos reunió milagrosamente cuando necesitamos una maestra. Una doble bendición, ¡ella se convirtió en misionera y nosotros conseguimos una maestra!

Ella enseñaba a mis dos hijos mayores, Joel y Charis, mientras que Jana enseñaba a Jonathan. Fue una gran experiencia, y permitía que nuestros hijos nos acompañaran cuando llevábamos a los equipos a los pueblos y al hermoso campo guatemalteco.

Cuando Terri conoció y se casó con un misionero que hacía trabajo de agricultura, pusimos a nuestros hijos en la Academia Cristiana de Guatemala, una escuela fundada por misioneros para enseñar a hijos de misioneros. No lo sabíamos en ese momento, pero tanto el misionero agricultor que le había robado el corazón a nuestra maestra y la Academia Cristiana de Guatemala tendrían una parte importante en lo que Dios haría en nosotros unos años después. Pero en ese momento, estábamos disfrutando mucho servir junto a un gran equipo y bendiciendo a las personas del lugar que tan alegremente llamábamos hogar.

Por supuesto que hubo problemas y frustraciones. Tuvimos que lidiar constantemente con la burocracia del gobierno. Estoy convencido de que es el anti-Cristo el que está a cargo de las oficinas de migración alrededor del mundo. Había corrupción policial, la cual, una vez que aprendes cómo funciona el sistema, puede ser de beneficio para uno mismo. Era peligroso viajar durante la noche, o incluso durante el día, en algunos de los lugares donde trabajábamos, debido a los insurgentes comunistas que bloqueaban las carreteras y cobraban un "impuesto de guerra". Eran muy persuasivos al momento de convencerte de que debías pagar tu cuota (es decir, todo lo que tenías contigo en ese momento).

Luego había las protestas, manifestaciones, tiroteos y robos aleatorios. En seis años, nos robaron, estafaron, y se entraron a nuestra casa seis veces. Cuando hablábamos con otros misioneros, nos dimos cuenta que andábamos por bueno camino; un misionero promedio era víctima de algún crimen una vez al año.

Pero había una gracia que nos levantaba aún durante esos "sufrimientos ligeros y efímeros".[20] Me adapté, con la esperanza y expectativa de quedarme en Guatemala por el resto de mi vida. Pero cuatro años después, Dios empezó a alborotar mi pequeño paraíso.

Quiero bendecir a las naciones

Llegó un orador de los Estados Unidos para animar a los misioneros. Su mensaje nos recordó de la promesa de Dios de bendecir a todas las familias de la tierra a través de la semilla de Abraham. Jesús, la semilla, vino e hizo que la salvación sea alcanzable para todos aquellos que creen en él; pero las personas no pueden creer en aquel de quien no han oído.[21] Era alentador ser recordados que, como misioneros, trabajamos con Dios para asegurarnos de que "todas las familias en la tierra" escucharan para poder ser bendecidos. Eso significa que los misioneros se unen a Dios para cumplir una promesa de cuatro mil años que él le hizo a un amigo, a Abraham.

Fue un gran mensaje, especialmente para misioneros principiantes, pero luego se convirtió en algo personal. Durante los próximos meses, cada vez que oraba, mi mente resonaba con este pensamiento: "Quiero que bendigas a las naciones." Parecía que Dios estaba personalizando esa promesa que le había hecho a Abraham. Parecía estar repitiéndomela en forma de orden, "Bendice a las naciones".

Al principio, era como un mosquito zumbando en mi cerebro. Pero a medida que pasaron los meses, se hizo más fuerte y cada vez más irritante. Se sentía como una gran carga. No podía concentrarme al leer. No podía concentrarme al orar. Pensé que era la voz del Espíritu Santo, pero no podía serlo.

¿Yo? ¿Bendecir a las naciones?

Si era Dios el que me estaba llamando, había marcado el número equivocado. Yo tenía todo un historial completo que demostraba que yo no era el indicado para este trabajo.

Lo hice, lo viví, y fracasé totalmente

¿Recuerdas la pequeña iglesia que plantamos en Kerrville, Texas, antes de que fuéramos a Guatemala? ¿Mencioné que se llamaba *"Trinity World Outreach"* (**Proyección Mundial** Trinidad)?

Dos años después de que nos fuéramos, la iglesia cerró sus puertas. No había un centro de capacitación para misioneros. No había ninguna "proyección mundial". Evidentemente, pareció ser un fracaso total.

Antes que de yo llegara al *Trinity World Outreach*, el fundador, con la visión de capacitar misioneros, eligió un nombre bastante elevado, contrató a un director a tiempo completo para encargarse del Centro De Capacitación Para Misioneros Doulos que pronto se construiría, y consiguió un préstamo para comprar un terreno de 18 acres a las afueras de la ciudad (un terreno rodeado de ranchos, garrapatas y mezquites).

Esos 18 acres, más el salario del personal, implicaba que la pequeña congregación, de aproximadamente veinte fieles, tenía una deuda bancaria de $250,000 y sobrepasaba su presupuesto mensual por $5,000. Y luego había el gasto adicional del salario para el nuevo pastor: yo.

Encima de la complicada situación financiera, éramos una iglesia nueva ubicada tan lejos de la ciudad que la llamada para contactarse con nuestras oficinas era de larga distancia. Si la ubicación es tan importante, entonces nuestra situación era muy mala. Este emprendimiento era un avión jumbo a punto de estrellarse con el suelo desde todo punto de vista.

Durante cuatro años, tuvimos que lidiar con goteras en los techos, sistemas de aire acondicionado antiguos y llenos de cinta aislante, limpiezas después de que fallara la plomería, y tuvimos problemas con los pozos, bombas de agua y sistema séptico. Estábamos plagados de escorpiones y hormigas rojas que se aglomeraban de tal manera en las cajas eléctricas que causaban cortos circuitos, tostando a miles de hormigas y dejando a todo el complejo en oscuridad.

Además, había problemas interpersonales entre la congregación y el liderazgo y esos molestosos oficiales de crédito que querían recibir su pago de vez en cuando. Con razón mi matrimonio y mi familia estaban en problemas.

Pero, durante cuatro años, también vimos vidas ser cambiadas para siempre, personas que conocieron a Jesús y crecieron en su caminar con Dios. Superamos tiempos difíciles gracias a maravillosas personas que oraban por nosotros. Aprendí lo que significa ser pastor, predicar y enseñar, servir a otros en momentos de gran gozo y en momentos de inexplicable dolor.

Vimos a Dios liberar personas de opresiones demoníacas y ataduras generacionales. Hasta vimos cómo Dios nos ayudaba a cumplir con el presupuesto mensual milagrosamente. Con algunas multas por mora y mucha gracia de parte de nuestros oficiales de crédito, pudimos mantener las luces encendidas todo el tiempo.

¿Estábamos alcanzando al resto del mundo? Para nada. Apenas alcanzábamos a los vecinos de la zona y a la ciudad más cercana. Gracias a mucho esfuerzo, la pequeña congragación de veinte personas se disparó a sesenta en un bueno domingo, pero no había muchos buenos domingos. Teníamos más gallinas, cabras, conejos y gatos, muchos gatos salvajes, que personas en nuestro desmadejado terreno de 18 acres.

Debo admitir que, como pastor, estaba un poco avergonzado del nombre "Proyección Mundial", especialmente cuando conocía a otros pastores de la ciudad que lideraban iglesias con nombres menos ostentosos, pero que en realidad tenían proyectos a nivel mundial y hacían cosas increíbles que impactaban nuestra zona.

¿Y el centro de capacitación para misioneros? Bueno, tuvimos uno que otro alumno en el lapso de unos meses, principalmente porque era gratis. De hecho, un valiente jovencito estuvo en nuestro "programa" de dos años. Lo mejor que él sacó de esta experiencia fue una esposa, sin duda. Pero, ¿en realidad enviamos misioneros? Pues, extrañamente, después de cuatro años, pudimos enviar a una familia, la mía.

El camino a la Tierra Prometida

Si Dios va a utilizarte, vas a tener que atravesar el fuego, como nosotros. Encontrarte a ti mismo en un desierto caliente y seco no significa que Dios te haya abandonado. El camino a la tierra prometida pasa justo por medio de ese desierto. Parte del proceso de preparación de Dios es enseñarte a aferrarte a él en medio del aislamiento y desolación. Nadie que no haya enfrentado grandes pruebas es utilizado por Dios para hacer grandes cosas.

Las pruebas están diseñadas para quebrantarnos para que él pueda restaurarnos. El fundador de *Vineyard Churches*, John Wimber, decía, "No confío en ningún líder que no camine cojeando." Esta es una clara referencia a la prueba de Jacob mientras luchaba con el Señor.[22] Dios pone a prueba a aquellos que va a utilizar, al igual que el hombre que golpea el río congelado para ver qué tan sólido está antes de caminar sobre él. Y, al igual que un maestro se mantiene en silencio mientras sus alumnos realizan una prueba, Dios parece estar lejos cuando sientes que más lo necesitas.

Pero, a diferencia de las pruebas que tomaste en la escuela, todas las pruebas de Dios son con libro abierto. De hecho, se te anima a utilizar el Libro para encontrar las respuestas. El autor del texto nunca está lejos cuando necesitas ayuda para entenderlo. Y si repruebas, no irá en tu registro académico. Simplemente das la prueba una y otra vez, todas las veces que sea necesario, hasta que apruebes. Y lo más alentador es que esa prueba es un indicador de que, una vez que apruebes, estás listo para ser promovido al siguiente nivel.

Trinity World Churches fue un centro de evaluación de misioneros para mí y mi familia. Hubo momentos de grandes victorias, pero también hubo valles profundos y oscuros. En una "oscura noche del alma",[23] descubrí un principio que me ayudó a sobrellevar todo: mientras más grande la profundidad, más alta la cima.

Mientras más grande la profundidad, más alta la cima

Mientras me sumergía en las Escrituras para encontrar aliento, me di cuenta que aquellos que exitosamente superaban las pruebas más difíciles, eran aquellos para quien Dios tenía los más grandes propósitos. Moisés pasó 40 años escondiéndose. José pasó de ser el hijo favorito a ser arrojado en un pozo, ser esclavo y luego encarcelado. Pablo conoció lo que era pasar hambre y sed, ser perseguido, golpeado, naufrago, apedreado y encarcelado. Todos estos abismos tremendamente profundos llevaron a la cima extremadamente alta de ser utilizado por Dios.

Otras personas en la Biblia enfrentaron menos dolor, menores pérdidas y menos duelo, pero también fueron utilizados de menor manera por el Padre. La profundidad es proporcional a la cima. Y, por supuesto, Jesús es el más grande ejemplo de ser lanzado a lo más profundo de la muerte, sólo para ser resucitado en la cima más alta, el Rey de reyes, Señor de señores, ante quien todos debemos arrodillarnos.

Eso me dio ánimo para enfrentar el abismo, incluso hasta apreciar su profundidad. Puedes estar seguro de que Dios no te arrastra hasta el fondo para dejarte abandonado. También te sacará de ahí. Y puedes estar seguro que habrá una vista gloriosa esperándote al otro lado de la profundidad.

"Me has hecho pasar por muchos infortunios, pero volverás a darme vida; de las profundidades de la tierra volverás a levantarme."[24]

La profundidad te da poder

A veces, son otros cristianos los que te lanzan a las profundidades, como José, que fue lanzado a pozo por sus propios hermanos. Si has sido parte de la iglesia ya por un tiempo, especialmente en un cargo de liderazgo, seguramente ya has sido lastimado por otros creyentes. Los corderos de Dios tienen colmillos y, lastimosamente, muchos sienten que tienen el derecho de usarlos para morder y devorar a otros de la familia. Luego de una situación particularmente difícil en mi propia vida de ministración, me quejé con Dios, "Yo sería un padre terrible si permitiera que mis hijos se trataran entre ellos como tú permites que tus hijos se traten. Permites que líderes inseguros usen y abusen de la gente. Permites que personas lastimadas lastimen a otros. Nos atacamos, acuchillamos y devoramos unos a otros. Y, sin embargo, tú no haces nada al respecto. ¿Cómo puedes permitir que todo esto pase?"

Durante los siguientes meses, comencé a entender que el fruto del Espíritu Santo sólo crece en tierra mala. Si nunca he sido maltratado, abusado o perseguido, ¿cómo puedo aprender a bendecir, perdonar y orar por aquellos que me abusan? Si no enfrento algo, o alguien, que seriamente pone a prueba mi paciencia, ¿cómo puedo aprender a ser paciente? Es solamente en el valle de la muerte donde aprendo a temer al mal. Los abismos, los ataques y el dolor son oportunidades para crecer más en la imagen de nuestro Señor.

Cualquiera puede adorar lo adorable. Pero la tierra mala al fondo del abismo nos permite desarrollar amor por aquellos que naturalmente odiaríamos. Así como el Espíritu Santo llevó a Jesús hacia el desierto, él nos llevará hacia la profundidad para ponernos a prueba. Jesús fue llevado al desierto por el Espíritu Santo, pero regresó en el poder del Espíritu.[25] La profundidad da poder.

Como creyentes (y como seres humanos), vemos dolor, sufrimiento y lamento como cosas que deben evitarse a toda costa. Pero Dios dice que son parte del camino al reino de Cristo, el camino necesario para glorificación, para sentir gozo.[26] A. W. Tozer fue bastante acertado al decir, "Es dudoso si Dios puede bendecir a un hombre de gran manera hasta que lo ha herido de gran manera." Ni siquiera el mismo Hijo de Dios pudo cumplir su misión sin sufrir dolor y ser arrojado a la profundidad.

Pero esta idea de la persecución y el sufrimiento se hace muy real cuando hablamos del contexto misionero. En el lenguaje cotidiano de la iglesia, ser perseguido significa que los de la escuela se burlaban de mí, o que no recibí la promoción por ser demasiado religioso. Pero en el contexto de las misiones, la persecución y el sufrimiento adquieren un estatus de vida o muerte.

Cómo mantenerse a salvo

La pregunta más frecuente cuando alguien anuncia que se irá de misionero es, "¿Es seguro ir allí?" Las respuestas estándar son, "¿Hay algún lugar que sea realmente seguro?" y "El lugar más seguro es estar en el centro de la voluntad de Dios." Desde el punto de vista de la eternidad, ambas respuestas son absolutamente ciertas. Pero si te fijas en las vidas de Santiago y Pedro, Pablo y

Policarpo, miles de santos a lo largo de la historia de la iglesia, Jim Elliot y sus cuatro acompañantes en Ecuador, y miles de personas martirizadas por la oposición a la cruz hasta hoy en día, encuentras que "el lugar más seguro" podría llevarte al sufrimiento y la muerte.

Si nuestra meta es estar a salvo, entonces debemos dejar de enviar misioneros. Pero nuestra meta es glorificar a Dios con nuestras vidas, así que sólo nos queda una opción, la obediencia. Como dice Mark Batterson, pastor de la iglesia *National Community Church* en Washington, D.C., y autor de "Persigue tu León", "Llega un momento en el que debes dejar de vivir como si la meta en la vida fuera llegar a la muerte sano y salvo. La voluntad de Dios no es un plan de seguros. La voluntad de Dios es un plan peligroso. La voluntad de Dios puede matarte."

Todos lo que sienten pasión por seguir a Dios, incluyendo al mismo Jesús, llegan a conocer la aflicción.[27] Así que no te sorprendas, como si algo extraño estuviera pasando, cuando te encuentres con la aflicción, el dolor, la pérdida, o el desánimo cuando buscas seguir seriamente al Señor, especialmente si vas a seguirlo hacia una arena donde las fuerzas de la oscuridad se enfrentan cara a cara.

Cuando te encuentres a ti mismo hundido en la profundidad, puedes estar seguro de que Dios no te llevó allí para dejarte. Y tampoco es tiempo perdido. Daniel estuvo en un foso. José estuvo en un pozo. Jeremías estuvo en un pozo. Pablo estuvo en un calabozo en una prisión romana. Y nuestro propio Señor fue enterrado en una fosa en la tierra. Sólo así podría experimentar el poder de la resurrección.

Dios salvó a Daniel, José, Jeremías y Jesús. El calabozo de Pablo le permitió tener el tiempo para escribir las cartas que forman gran parte del Nuevo Testamento. Las profundidades sirven al propósito de Dios. Las profundidades preparan a los seguidores de Dios. Las profundidades son parte de su plan perfecto.

Así que, "Hermanos míos, considérense muy dichosos cuando tengan que enfrentarse con diversas pruebas, pues ya saben que la prueba de su fe produce constancia. Y la constancia debe llevar a feliz término la obra, para que sean perfectos e íntegros, sin que les falte nada."[28]

Serás perfecto e íntegro, y nada te faltará. Por eso debes enfrentar las pruebas, los obstáculos, el dolor y la persecución. Por eso existe la profundidad de ese abismo. Dios no está en contra tuyo. Está obrando para hacerte perfecto. Así que regocíjate.

Voy a darte un equipo

Estábamos encantados con Guatemala. Cuando nos fuimos de la plantación de la iglesia que enfrentaba tantos problemas, sentimos como si hubiéramos sido rescatados de la profundidad, y ahora estábamos literalmente caminando en las cimas de la montañas en Centroamérica. Y yo no tenía planes de dedicarme a ninguna otra cosa.

Pero, cuatro años después de dejar la iglesia y el ministerio de proyectos mundiales sin éxito, Dios parecía estar diciendo, "Quiero que bendigas a las naciones." ¿Puedes ver la ironía en eso? Por motivos obvios, yo me sentía un poco molesto por lo que parecía ser Dios jugando conmigo.

"Dios, ya intentamos bendecir a las naciones. ¿Recuerdas la **Proyección Mundial** Trinidad? Fracasó. ¿Puedes dejarme en paz? Déjame bendecir a Guatemala."

Pero cuando intentaba orar o leer la Biblia, ese ruido en mi cabeza no cesaba. Mi tiempo de descanso no tenía nada de descanso. Es absurdo, pero comencé a pensar, "Dios, ¿podrías, por favor, dejarme en paz para poder hacer mis devocionales sin tus interrupciones constantes?"

Hasta que, finalmente, en un momento de exasperación, grité en silencio, "¡No puedo bendecir a las naciones! Estoy haciendo lo mejor que puedo para bendecir Guatemala, y ni siquiera estoy cerca de empezar a tocar a este diminuto país."

Fue entonces que lo sentí decirme, "Voy a darte un equipo." Eso fue todo. Cinco palabras, y el ruido en mi cabeza desapareció. Desde ese día, lo único que pasaba constantemente por mi cabeza era, "Bendecir a las naciones", y se implantó en mi corazón. Se quedó ahí como parte del fondo, pero ya no era la voz más fuerte de la habitación.

"Voy a darte un equipo." No tenía idea qué equipo sería o de dónde vendría, pero él dijo que me daría uno, así que supuse que él se encargaría de eso. Yo simplemente estaba feliz de poder orar, leer la Biblia y tener mi tiempo de descanso sin que Dios me interrumpiera. (Puedes ver la ironía en eso, ¿no es cierto?).

Pero sus interrupciones en mi vida recién estaban comenzando.

Anduve una milla con el placer;
Habló todo el camino;
Pero todo lo que tuvo que decir
No me hizo un hombre más sabio.

Anduve una milla con la tristeza;
Y no dijo ni una sola palabra;
Pero cuánto aprendí de ella,
Cuando la tristeza me acompañó.

— ROBERT BROWNING HAMILTON,
POETA NORTEAMERICANO.

Dios nos susurra en nuestros placeres,
nos habla en nuestra conciencia,
pero nos grita en nuestro dolor;
es su megáfono para despertar a un mundo sordo.

— C.S. LEWIS, NOVELISTA, POETA Y APOLOGISTA
CRISTIANO BRITÁNICO.

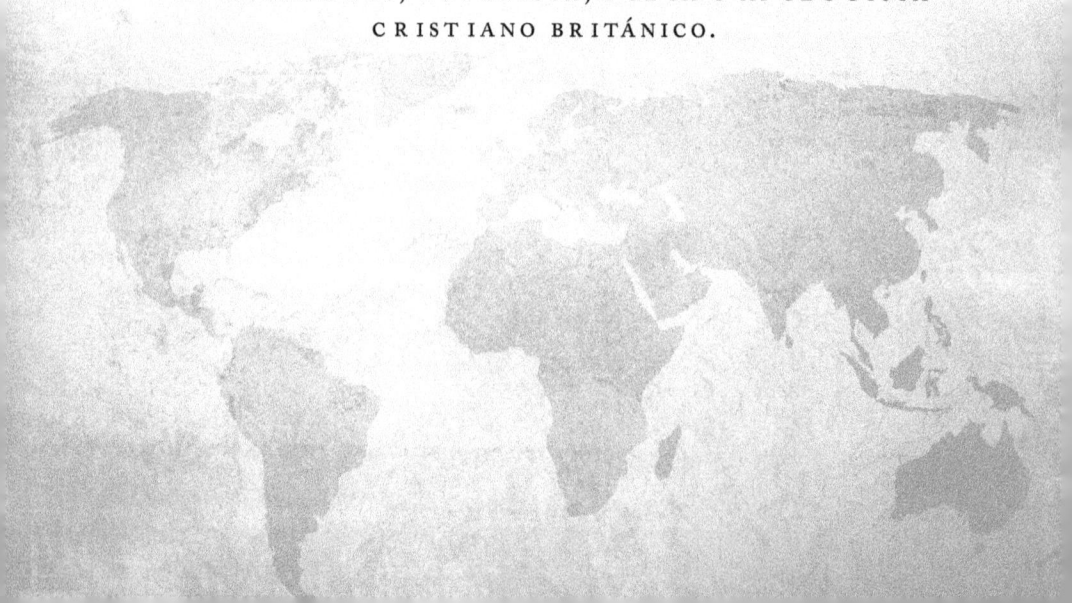

CAPÍTULO 4

¿El mundo realmente necesita otra agencia misionera de mamá y papá?

Cada vez que oraba o tenía un momento de silencio con Dios, la banda sonora de "bendice las naciones" seguía tocando en el fondo de mis pensamientos. Pero luego empecé a sentir que Dios esperaba algo diferente de mí. En mi mente, esta orden no tenía relación con nada. "Quiero que inicies una agencia misionera para ayudar a las personas en el campo de las misiones."

Ahora que lo veo en retrospectiva, no puedo creer que no haya relacionado esto con "Voy a darte un equipo." Pero, obviamente, no soy el hombre más inteligente del mundo, así que no hice la conexión entre ambas cosas.

Además, yo no quería iniciar una agencia misionera. Me encantaba la agencia de la cual éramos parte. Y Guatemala estaba llena de "agencias misioneras", muchas de las cuales eran parejas individuales, felices de hacer lo suyo. Así que cuando sentí que Dios me decía que iniciara una agencia misionera, protesté: "Señor, ¿el mundo realmente otra agencia misionera de mamá y papá? No lo creo."

Ciertamente, seguía sensible tras mi experiencia con *Trinity World Outreach*. Pero estaba totalmente encantado con mi trabajo en *Missionary Ventures*. Realmente era una "proyección mundial". Además, que podía realmente trabajar con las personas, hablar con los pastores guatemaltecos, ir a los pueblos y hacer la obra del ministerio.

Algunas personas hacían todo el papeleo. Otras tenían que preocuparse de presupuestos y los típicos dolores de cabeza administrativos. Yo hacía la parte divertida, el trabajo de campo, con mis propias manos. Pero fue entonces que ocurrió el accidente.

Esto no era parte de mi plan

Fui accidentalmente elegido para ser parte de la directiva de la escuela misionera en Guatemala, la Academia Cristiana de Guatemala. Entonces, ¿cómo puede ser que seas "accidentalmente" elegido?

Mi hijo mayor, que estaba en secundaria, sabía cuánto amaba la educación cristiana y estaba preocupado de que lo avergonzara si me involucraba en su escuela. Para calmar sus miedos, le prometí que me mantendría alejado de la escuela. Además, yo ya tenía bastante que hacer como para agregar responsabilidades escolares a mi lista.

Sin embargo, en la reunión anual obligatoria para los padres, me nominaron para llenar un cargo vacante. Estaba demasiado avergonzado como para levantarme y quitar mi nombre, ya que un amigo mío, que estaba sentado al otro lado de la habitación, me nominó. Además, no era posible que yo saliera ganando.

De los más de 200 padres que se encontraban en la habitación, pocos me conocían. Había más candidatos de lo que había cargos. Por supuesto que ganaría alguno de los misioneros más conocidos de una de las agencias más grandes. Él ganaría y estaría feliz. Yo perdería y estaría feliz. Eran una situación en la que todos salíamos ganando, de alguna manera.

Quedé sorprendido cuando anunciaron los resultados. Yo había ganado. ¿Cómo sucedió?

Decidí que iría al día siguiente y decirles que "Oré al respecto", y que deseaba ser retirado de la mesa directiva, dando lugar a la siguiente persona con más votos para que ocupara el cargo. A la mañana siguiente, practicaba mi discurso de "Oré al respecto" mientras llevaba a mis hijos a la escuela. Y luego me di cuenta de que si iba a decir que había orado al respecto, entonces tal vez sí debería, al menos, orar al respecto.

Tenía cinco minutos antes de tener que salir para dejar a los niños en la escuela y dar mi discurso. Me metí a una habitación y mandé una pequeña oración veloz hacia el cielo. No esperaba una respuesta. Ni siquiera quería una respuesta. Sólo "oré al respecto" para no "mentir al respecto."

Pero sí recibí una respuesta, una rápida y clara respuesta. Sentí en mi corazón que Dios estaba involucrado en la elección, y quería que yo estuviera en la mesa directiva. ¡Aj!

Yo sé todo lo necesario para guiarte a ti

Solía pensar que una de las cosas más difíciles de seguir al Señor era saber exactamente lo que él quería que hiciera. Si eres como yo, seguramente has dicho en algún momento, "Señor, hare lo que quieras que haga, mientras esté seguro de que eres tú el que me lo pide." Y esa es la parte difícil. ¿El Señor está hablándole a mi corazón, o es que el jamón en mi pizza estaba mal? ¿Es Dios o indigestión?

¿Cómo pudo Noé estar tan seguro de que era el Señor diciéndole que construya el arca? ¿Era una voz audible, o sólo un presentimiento interno y silencioso? ¿Cómo sabía Jesús a quiénes sanar y a quienes pasar por alto, como lo hizo en el estanque de Betesda? ¿Cómo pudo Abraham saber, sin duda alguna, que era Dios pidiéndole hacer algo tan extremo como sacrificar a su propio hijo? (Hubo momentos en los que, como padre frustrado, ofrecí hacer este tipo de sacrificio, pero nunca recibí la aprobación del cielo.)

Hay un número infinito de libros sobre cómo escuchar a Dios y descubrir su voluntad para tu vida. Y he aprendido mucho de estos autores, pero fue la experiencia de mi amigo Bill, miembro de la directiva de *Commission to Every Nation*, la que más cambió mi perspectiva sobre descubrir la voluntad de Dios.

Bill buscaba desesperadamente una respuesta específica de Dios. Decidió aislarse, orar y ayunar. Pasó tres días en el vacío santuario de su iglesia, orando, esperando, escuchando, clamando a Dios, echado de cara sobre el suelo, leyendo la Biblia y todo lo que pudiera hacer para tratar de conectarse con el Señor. Hasta que, después de tres días de divino silencio, Bill clamó desesperado, "Dios, ¡no sé absolutamente nada acerca de ser tu seguidor!"

Fue entonces que escuchó una clara respuesta en su corazón. "Tienes razón, Bill. No sabes absolutamente nada acerca de ser mi seguidor. Pero yo sé todo lo necesario para guiarte a ti."

¡Wow! No sé si esa declaración tocó tanto a Bill como a mí cuando me contó la historia. Sacudió mi mundo. Cuando se trata de escuchar a Dios, yo había erróneamente asumido toda la responsabilidad por mí mismo. Sentía que, de alguna manera, debía descifrar las palabras divinas que estaban escritas en el viento para encontrar mi guía. Dependía de mí que todo sucediera, en vez de ser la responsabilidad del Padre comunicarse con este ser humano tan sordo y tonto.

Como padre, sé que si tengo algo que decirle a mi hijo, es mi responsabilidad comunicar de manera clara lo que quiero. Lo único que mi hijo debe hacer es obedecer, de la mejor manera que le sea posible, lo que cree que le estoy pidiendo que haga. Si hay un malentendido, es mi culpa. Yo soy el adulto. Él es el niño. Depende de mí comunicarme de una forma que él pueda entender.

De la misma manera, nuestro Padre Celestial asume la responsabilidad de comunicarse con nosotros. Él sabe lo sencillos que somos. Él sabe de qué estamos hechos.

Si él quisiera un mejor producto, podría haber utilizado mejor materia prima. ¡Él nos hizo de tierra! Y nunca estamos muy lejos de nuestro origen. La vida pasa rápido, y volvemos a ser parte de la tierra.

¿Será posible que Dios te esté invitando a salir de tu cómoda jaula para acompañarlo en una aventura? ¿Te llevaría a hacer algo que pueda no ser del todo seguro? ¿Te llevaría por un camino con un destino incierto? ¿Cómo puedes estar seguro de que es él?

Creo que no puedes estar del todo seguro. Ahí es donde entre la fe. Avanzas lentamente y en oración, tomando pequeños pasos, confiando que, aunque no sepas mucho acerca de cómo seguirle, él sabe todo lo necesario para guiarte.

Dios puede destruir tu reputación

En la primera reunión de la directiva, los otros miembros me pidieron que me presentara y les hablara un poco de mí mismo. La educación cristiana había sido una parte tan grande de los inicios de mi ministerio que no pude evitar mencionarlo. Cuando les mencioné que tenía una Maestría en Administración Educativa y mi experiencia como director de una escuela cristiana, se dibujó una extraña sonrisa en sus rostros. No estaba seguro qué era lo que tramaban, pero obviamente era algo de lo cual yo no estaba al tanto.

A medida que avanzaba la reunión, me sorprendió enterarme que, tras bambalinas, la escuela se encontraba en una coyuntura. La directiva estaba a punto de reemplazar al tan querido y admirado director. Aunque se la había pedido que se quedara hasta finalizar al año para poder encontrar alguien que lo reemplace, él se retiró en cuanto le hablaron de su plan.

No sólo terminé siendo parte de la directiva, sino que también me pidieron que ejerciera como director interino hasta que terminara el año escolar. (Ahí se esfumó el deseo de mi hijo de que me mantuviera lejos de la escuela.)

Probablemente sea mejor que les dé una advertencia en este punto. He visto que, si Dios va a utilizarte, a veces empezará por destruir tu reputación. Sé que eso suena extraño, pero lo hace todo el tiempo. Jesús "se despojó a sí mismo", así que no debería sorprendernos que haga lo mismo con nosotros.[29]

Para alguien viendo desde afuera, la historia de cómo llegué a ser director interino parecería ser así: El tipo nuevo es elegido para ser parte de la directiva. Dentro de unas semanas, el querido director, que había estado ahí por más de 15 años, es retirado. ¡Sorpresa! El nuevo miembro de la directiva entra deslizándose a ocupar su cargo. Obviamente, este nuevo miembro de la directiva es un intruso que manipuló a los demás para lograr ser elegido como parte de la directiva, para poder apoderarse de este increíble cargo. Qué tipo más podrido. Se abre camino e inmediatamente bota al antiguo director como si fuera un viejo calcetín.

Estoy seguro que así parecía, y no había nada que yo pudiera hacer para convencer a los demás que no fue así. Ni siquiera quería estar en la directiva. ¡Dios me había emboscado!

A veces, la obra de Dios en tu vida hará que el observador casual te juzgue severamente. Y te encontrarás en una situación en la que no puedes ni defenderte a ti mismo. Tienes que dejarlo en manos del Señor.

¿Por qué Gabriel no se le apareció a María cuando estaba con sus amigas en el pozo de la ciudad? Nadia habría cuestionado su fantástica historia. Habría sido la heroína de la ciudad. Gabriel podría, por lo menos, haber aparecido cuando sus padres estaban presentes para que pudieran creerle. José también tuvo una experiencia privada, sin testigos, y así, en un instante, sus impecables reputaciones fueron arruinadas.

Noé parecía un tonto. David fue vergonzosamente expulsado de Jerusalén por su propio hijo. El gran Juan el Bautista sufrió una innoble muerte en la cárcel. El altamente educado y respetado Saulo de Tarso se convirtió en "escoria del mundo, desecho de todos", cuando Dios se acercó a él.[30]

Saca las cuentas. Cuando Dios te utiliza, muchas veces te pide que sacrifiques tu reputación en un altar. Amigos, familiares, la iglesia, hasta extraños pueden juzgar mal tus intenciones y acusarte de todo tipo de cosas. Sus profetas, hasta su propio hijo, fueron difamados. ¿Por qué nos sorprendemos cuando nos pasa a nosotros? Si vamos a ser utilizados por Dios, debemos preocuparnos más sobre qué dirá él "ese día" más que lo que los demás dicen en este día.

Mi membresía accidental en la directiva era definitivamente voluntad de Dios. Como director interino, estaba a cargo de la escuela durante un período que podría haber sido muy doloroso y divisivo para toda la comunidad misionera. Pero Dios también estaba lo haciendo para mi propio bien. El evento que más impactó mi futuro fue la postulación de una maestra Metodista.

Está bien, Señor, supongo que tienes razón (otra vez)

Como en la mayoría de las escuelas para hijos de misioneros, la Academia Cristiana de Guatemala casi siempre tenía escasez de maestros, muchas veces hasta llegar a un punto de desesperación. Uno de los grandes motivos detrás de esto es que los maestros no son remunerados. Para poder mantener la matrícula lo suficientemente baja como para que los misioneros puedan inscribir a sus hijos, se les pide a los maestros que recauden sus propios fondos, al igual que la mayoría de los misioneros a los que sirven.

Se postuló una maestra altamente calificada. Era jubilada y su pensión le permitiría vivir bastante bien en Guatemala. Había superado el más grande obstáculo, el financiamiento. Ahora sólo faltaba una agencia que la patrocinara. En ese entonces, la iglesia Metodista no tenía misioneros en Guatemala, así que no podía llegar por ese medio.

El misionero Bautista en la directiva dijo, "Nos encantaría enviarla, pero no es Bautista." Las Asambleas de Dios y los misioneros Luteranos tuvieron la misma respuesta. Una agencia independiente estaba dispuesta a enviarla, pero cobraba el 18% de la cuota administrativa, lo que significaba que ella tendría que recaudar más fondos sobre su pensión para cubrir los costos administrativos para esta misión. Y ella no estaba dispuesta a hacer eso.

No podíamos encontrar una manera de hacer que esta maestra llegara a Guatemala. ¡No podía creerlo! Perdimos a una maestra altamente calificada y necesaria.

Un poco avergonzado, tuve que admitir, "Está bien, Señor, supongo que tenías razón (otra vez). Tal vez el mundo realmente sí necesita otra agencia misionera de mamá y papá. Una que pueda ayudar a personas comunes y corrientes que son llamadas, necesitadas, y estén dispuestas a ir donde tengan que ir, pero que no cumplen con el perfil de misionero o denominación tradicional."

Pude ver que sí había la necesidad de otra agencia, pero tampoco quería ser el hombre a cargo de iniciarla. Amaba lo que hacía y no quería que eso cambiara.

La obediencia al estilo "No quiero hacerlo"

Fue ahí cuando cambió el deseo de mi corazón, ese llamado del Espíritu Santo. Había sido una voz suave, "Bendice a las naciones, inicia una agencia misionera, yo te daré un equipo." Pero ahora podía escuchar cómo esa voz había pasado de ser una gentil invitación a una pregunta seria, "¿Vas a obedecerme, o no?" Ya no era la paloma del Espíritu Santo la que me hablaba. Estaba escuchando al León de Tribu de Judá, y quería una respuesta pronta.

He aprendido que el Señor es muy paciente con nosotros cuando estamos tratando de descifrar su plan. Hará lo que sea necesario para asegurarse de que sea claro y comunicado de manera que podamos entender. Él hablará desde un arbusto ardiente, la boca de un asno, o a través de una elección accidental. Pero cuando ya sabemos lo que quiere, él espera obediencia. Una vez que sabemos lo que quiere, sólo un tonto desobedecería.

"Supongo que iniciaré otra agencia misionera de mamá y papá. Pero, Señor, eso no significa que tenga que gustarme la idea. "

Al igual que un niño que come su brócoli, pero se queja y llo-riquea con cada bocado, dije, "Está bien, haré lo necesario para iniciar esto, pero no haré nada para hacerlo crecer." No era tanto una respuesta en tono de rebeldía, sino más bien de desesperanza.

Hice todo lo posible para que *Trinity World Outreach* creciera y se convertiría en un verdadero programa de proyectos mundiales, y fue un fracaso total. Claramente, yo no tenía lo necesario para construir un gran ministerio. ¿Para qué desperdiciar más tiempo tratando de hacer algo para lo que no sirvo?

No tengo la intención de justificar esta forma de comunicarme con el Señor. Me sorprende que él no me haya enviado a mi "habitación sin cena". Pero, como él conoce mi corazón de to-dos modos, siempre pensé que debería ser honesto con él. David, Gedeón, Moisés y otros le expresaron a Dios sus dudas, miedos y frustraciones abiertamente. Nuestra honestidad no le intimida.

Y lo más increíble es que Dios honra la obediencia al estilo "no quiero hacerlo". Gedeón estaba aterrado. Moisés pidió no ser enviado de regreso a Egipto. ¡Y podría sorprenderte saber que hasta Jesús no quiso obedecer alguna vez!

Él dejó muy en claro en el jardín que no quería ir a la cruz. Al final de su oración, no había cambiado de parecer. Dijo, "Hágase tu voluntad y no la mía." Eso es lenguaje bíblico para, "Esto no es lo que quiero hacer, pero lo haré porque tú quieres que lo haga."

La obediencia es una decisión, no un sentimiento

A veces, Dios nos pedirá hacer algo que no queremos hacer. Puede que sea porque parece muy trivial: "No dejes ese carrito de compras en medio del estacionamiento." Podría ser porque no le hallamos el motivo: "¿El mundo realmente necesita otra agencia misionera de mamá y papá?" Podría ser porque tememos y nos sentimos descali-ficados. "Renuncia a tu trabajo, recauda fondos y sígueme al campo de las misiones."

Me alegra mucho que Dios honre nuestra obediencia, aun cuando no tenemos ganas de obedecer. No puedo controlar mis sentimientos muchas veces. No puedo hacer que concuerden con lo que Dios quiere. Pero sí puedo decidir obedecer aun cuando no tenga muchas ganas de hacerlo.

Puedo decidir amar cuando no tengo ganas de amar.

Puedo decidir perdonar cuando no tengo ganas de perdonar.

Puedo decidir ser gentil cuando no tengo ganas de ser gentil.

Puedo decidir ser paciente cuando no tengo ganas de ser paciente.

Dios honra a la persona que obedece, aun cuando no tiene ganas de hacerlo.

Pero esta es la mejor parte. Muchas veces, cuando obedecemos, nuestros sentimientos se alinean. Es mucho más fácil ser obedientes y luego sentirnos bien que sentirnos bien para luego ser obedientes. Dios honra la obediencia. Si quieres ser la clase de persona a través de la cual Dios hace cosas extraordinarias, la clave es esta: obedece.

Obedece, aun cuando tengas miedo.

Obedece, aun cuando no quieras hacerlo.

Obedece, aun cuando nada tenga sentido.

Obedece, aun cuando no encuentres una razón.

Sólo obedece.

Deseaba obedecer al Señor, pero sabía que esta agencia de mamá y papá no podría cumplir con lo que él parecía estar diciéndome: bendecir las naciones. Para bendecir a las naciones, sería necesario un gran ministerio, con mucha gente y mucho dinero.

Los líderes de grandes ministerios eran carismáticos, personas talentosas con una visión clara. Tienen mucha energía y saben cómo motivar a otros para correr hacia la batalla y conquistar, sin importar lo que pase. Son como aquellos oficiales que me rodeaban en el personal del almirante en la fuerza naval; líderes talentosos, motivados e increíbles. Y luego estaba yo, un hombre muy ordinario enlistado.

Yo no tenía lo necesario para "bendecir a las naciones". No tenía una brillante visión cinco años hacia el futuro, ni una misión inspiradora. No era un líder carismático y motivado que podría inspirar a las personas para que sacrifiquen todo lo necesario para esta causa. Obviamente, Dios se había equivocado de persona.

Pero, ¿qué haces cuando crees que Dios te ha llamado para hacer lo imposible? Empieza por hacer lo que puedas. Empiezas haciendo lo que es posible, y luego dejas que él se encargue de lo demás. Yo podría encargarme de todo el trámite necesario para un registro 501(c)(3) de organización sin fines de lucro con el gobierno. Podría hacer eso, pero no tenía falsas esperanzas de que esta diminuta agencia de mamá y papá se convirtiera en un equipo que bendeciría a las naciones.

Y esa maestra que necesitábamos para la Academia Cristiana de Guatemala había aceptado otra oferta, así que la perdimos. Sólo conocía a una pareja que alguna vez había demostrado interés en las misiones. Podría hablar con ellos, pero era lo máximo que podía hacer. Después de eso, pensaba tachar la palabra "obedecer" de mi lista y volver a mi vida normal. Si Dios quería otra agencia de mamá y papá, haría mi parte para dársela.

Muchas veces, las interrupciones de nuestros planes
se deben a que Dios está agregando los suyos.

— Rick Malm.

Dios nos guía a pesar de nuestras inseguridades y
nuestra vaguedad, aun a través de nuestros fracasos y
errores… Él nos guía paso a paso, de acontecimiento a
acontecimiento. Sólo después, al mirar hacia atrás y ver
el camino que hemos recorrido… podemos experimentar
el sentimiento de haber sido guiados sin habernos dado
cuenta, el sentimiento de saber que Dios
nos guió milagrosamente.

— Paul Tournier, médico y escritor suizo.

CAPÍTULO 5

Eso jamás funcionará

Inicialmente, *Commission To Every Nation* **se llamaba T.E.A.M.** *Missions.* T.E.A.M. era el acrónimo para *"Together Everyone Accomplishes More"* (Juntos Todos Podemos Más). Mis hijos me dicen que los acrónimos son cursi. Tal vez sea cierto, pero siempre me ha gustado lo cursi.

Elegí ese nombre por dos motivos. Primero, por lo que el Señor dijo acerca de darme un equipo para bendecir a las naciones. Y segundo, porque el estado de Texas rechazó todos los otros nombres que había propuesto. Parecía que ya existía alguna corporación con el mismo nombre o uno parecido a todos los que yo había imaginado.

En un momento de desesperación, sugerí algunos nombres bastante exóticos, y todos fueron rechazados, así que estaba bas-tante seguro que un nombre tan simple como *T.E.A.M. Missions* no sería aceptado. Pero el 23 de diciembre de 1994, recibimos un regalo navideño adelantado. El estado de Texas había aprobado el nombre *T.E.A.M. Missions,* y así comenzó la aventura.

Aparentemente el estado de Texas, al igual que yo, jamás había escuchado de *The Evangelical Alliance Mission (T.E.A.M.),* la cual ya tenía más de cien años cuando nosotros estábamos iniciando. Pero no pasaría mucho tiempo antes de que *T.E.A.M.* y *T.E.A.M. Missions* se encontraran cara a cara.

No tenía una gran visión de que *T.E.A.M. Missions* se convirtiera en una enorme agencia misionera, pero, al mismo tiempo, Dios había iniciado todo esto diciendo que él quería bendecir a las naciones. ¿Y si realmente sucedía? ¿Y si Dios hacía algo alocado y esta cosa sí se convertía en algo que tendría un impacto a nivel mundial?

Yo estaba escéptico, pero sabía que debíamos construir una base sólida por si a Dios se le ocurría hacer alguna locura. Las semillas para la destrucción de un ministerio muchas veces se encuentran en acuerdos o atajos que se tomaron al construir la base de ese ministerio. Yo quería seguir el ejemplo de Pablo, "procurando hacer las cosas honradamente, no sólo delante del Señor sino también delante de los hombres."[31]

¿Podemos con iar en los misioneros?

Un encuentro fortuito nos llevó conocer a un contador cristiano que tenía experiencia en el área de derecho, y se ofreció como voluntario para ayudarnos a organizarnos. Ofreció hacerlo de manera completamente gratuita, lo cual, milagrosamente, era exactamente lo que podíamos pagar. Él escuchaba muy pacientemente mien-tras yo le presentaba el plan, y luego nos dio su opinión, "Eso jamás funcionará."

Él se refería al hecho de que yo no deseaba cobrar una "cuota administrativa" en *T.E.A.M. Missions*. En vez de eso, quería enviar el 100% de los fondos donados al misionero. Y luego pensé que sería bueno permitir que los misioneros oren y devuelvan a la misión, de manera voluntaria, el porcentaje que sentían que Dios les decía, similar a cuando una iglesia es dependiente de los diezmos de sus meimbros. Este "diezmo" voluntario permitiría a la misión servir a todos, incluyéndome a mí mismo, ya que tenía que recaudar los fondos necesarios para mantener a mi familia.

Reconozco que fue una idea loca, y pensé que tal vez mi amigo contador tenía razón: "Eso jamás funcionará." Porque, para que pudiera funcionar, todos los misioneros tendrían que ser obedientes y generosos. Caso contrario, los "obedientes y generosos" terminarían cubriendo los gastos de los "desobedientes y tacaños".

¿Podíamos realmente confiar que nuestros misioneros escucharían a Dios, responderían en obediencia y serían generosos? Qué pregunta. Si no podemos confiar que sean fieles con el dinero, ¿por qué pensaríamos que podemos confiarles las verdaderas riquezas, el gran tesoro del evangelio? Sentía que debíamos, por lo menos, intentar y ver qué sucedía.

La sabiduría detrás de los consejos divinos

Yo creo en los consejos divinos. Salomón, el hombre más sabio que haya vivido, habló acerca de la sabiduría de buscar ayuda más que cualquier otro escritor de la Biblia. Si Salomón la necesitó, entonces yo ciertamente la necesito.

Pero hay veces que el Señor te guía más allá de ese momento en el que un consejo sabio te dice, "Eso jamás funcionará." Te invitará a salir del bote, a abandonar el camino normal y a caminar con él.

En Mateo 14, los discípulos estaban cruzando un lago cuando Jesús comenzó a caminar hacia ellos. Invitó a Pedro a que lo acompañara en las olas. Imagínate si Pedro hubiera organizado una reunión para hablar de la sabiduría detrás de esta propuesta.

"El Señor me invitó a salir del bote e ir hacia él. ¿Qué opinas?"

Podemos adivinar las respuestas.

"No seas tonto. ¿Por qué querrías hacer eso?"

"Hay tanto ruido debido al viento y a las olas, ¿cómo puedes estar seguro que es él el que te llama?"

"No hagas nada alocado. Sólo quédate en el bote. Si realmente es él, estará ahí en unos minutos."

"¿Por qué querrías dejar el bote? Te necesitamos aquí. Quédate con nosotros."

Pero Pedro recibió una invitación. Él eligió seguir ese llamado sin saber qué pasaría. Él obedeció, sin esperar una promesa de que todo saldría bien y yendo en contra del sentido común. Dejó la seguridad del bote y la compañía de su familia y amigos para seguir al Señor.

¿Y qué tal resultó eso para él?

Al principio, todo estaba bien.

Pero luego encontró obstáculos: el viento y las olas.

Se asustó y empezó a hundirse.

Tal vez debería haberse quedado en el bote.

Tal vez Dios ya se había ido.

Pero luego, el Señor lo rescató.

Sí, quedó completamente empapado delante de todos sus amigos.

¿Pero fracasó? ¿Debió haberse quedado en el bote?

Es cierto, todos sus amigos que se quedaron en el bote se mantuvieron secos, pero...

¡Pero Pedro caminó sobre el agua!

Estaba empapado y casi se ahogó, pero no lo hizo; se mantuvo de pie.

El Señor, que todo lo puede, lo mantuvo de pie.

Y experimentó algo milagroso.

Dios hizo su parte, ¡y Pedro caminó sobre el agua!

Estoy seguro de que ninguno de los hombres que se mantuvieron secos en el bote se hizo la burla de él por dejar el bote de manera tan valiente. Ellos habían sido testigos de un milagro. Vieron cómo Dios lo levantó. Vieron a un hombre ordinario hacer algo extraordinario porque aceptó la invitación de Dios.

Hubo momentos aterradores, pero él experimentó algo increíble, ¡caminó sobre el agua! ¿Valió la pena? Estoy seguro que unos pocos momentos de miedo y un poco de agua en mis sandalias sería un bajo precio que pagar por experimentar algo que ningún otro ser humano ha experimentado antes.

Por qué es importante aceptar la invitación de Dios

Cuando aceptas la invitación del Señor, es probable que tengas que enfrentar algunos momentos aterradores. De hecho, si no hay un poco de miedo, tal vez tengas que buscar un sueño más grande. Si puedes alcanzar tu sueño sin la ayuda de Dios, entonces no es un sueño del tamaño de Dios. "Es imposible sin él" es la frase estampada en cada uno de los sueños de Dios.

Cuando aceptas la invitación del Señor, es probable que haya veces en las que te preguntarás si realmente viene de él. Yo nunca he podido decir, sin la más mínima duda, que era Dios el que me llevó a hacer esto o lo otro. Siempre hay alguna pregunta, algo de inseguridad. Eso es lo que me inhibe seguir adelante. Me mantiene atento para escuchar lo que la voz del mi Pastor quiere decir. Me mantiene avanzando de manera lenta, precavida y en constante oración.

Cuando aceptas la invitación del Señor, es posible que tengas que enfrentar obstáculos. Parecerá que el viento y las olas te derrotarán y te hundirás. De hecho, "si no tienes enfrentar oposición en el lugar donde sirves, estás sirviendo en el lugar equivocado."[32]

Pero, recuerda que esto fue idea de Dios. Es su sueño. Sólo te invitó a ser parte de él. Él te levantará como un trofeo que refleja su habilidad de mantenerte de pie.

Cuando aceptas la invitación del Señor, es posible que quedes como un tonto. Por supuesto que el mundo pensará que estás loco, y muchas veces, hasta otros seguidores de Dios cuestionarán tu cordura. Eso la pasó a Moisés, cuando regresó con el sueño de Dios de liberar a su pueblo. Le pasó a David cuando se ofreció a defender el nombre de Dios luchando contra Goliat.

Aquellos que no han recibido la invitación del Señor no lo entenderán. No podemos esperar que lo entiendan. ¿Qué clase de tonto se enfrenta al Faraón con una vara? ¿Qué clase de tonto ataca a un guerrero entrenado con una honda? ¿Qué clase de tonto trata de caminar sobre el agua? ¿Qué clase de tonto deja su hogar, su familia, sus amigos, su carrera, país, cultura y todo lo que le es conocido para adentrarse en lo desconocido?

Pedro se arriesgó. "¿Qué va a pasar cuando mis pies toquen el agua? ¿Qué pasa si el Señor me falla? ¿Y si no lo escuché bien? ¿Y si fracaso? ¿Y si quedo como un tonto?" Si Pedro hubiera insistido en tener las respuestas a estas preguntas antes de abandonar el bote, jamás habría experimentado la aventura más increíble de su vida.

La importancia de arriesgarse

Si insisto en ser cuidadoso, tener todo bajo control y saber lo que va a pasar cuando decido obedecer, nunca obedeceré. Nunca dejaré el bote. Me perderé de la aventura con mi Señor.

Porque Dios no va a darme las respuestas por adelantado. Si lo hiciera, entonces no habría ningún riesgo, y tampoco habría fe. Si no hay riesgo, no hay fe. El riesgo y la fe van de la mano.

Deberíamos estar programados para buscar y obedecer a los consejos divinos de manera automática, pero hay veces que el Consejero Divino nos dirá que vayamos más allá de cualquier otro consejo y nos aventuremos con él hacia lo desconocido. Nos invita a hacer algo que "jamás funcionará".

Eso no significa que nos lancemos de la cima de la montaña sólo para ver si los ángeles realmente nos atraparán. No estoy diciendo que debamos probar al Señor con alguna prueba tonta que se nos ocurra. Estoy hablando de obedecer a la voz del Gran Consejero si sentimos que nos dice que hagamos algo contrario a cualquier otro consejo que hayamos recibido.

Entonces, ¿cómo sé cuándo escuchar un consejo sabio y cuándo debo salir del bote y confiar en que Dios hará algo milagroso? ¿Cómo sé si estoy actuando en fe o en presunción?

A veces, es fácil reconocer la diferencia. ¿Es esta tu idea, algo que soñaste y que crees que ayude a Dios? ¿O sientes que Dios te está diciendo que hay algo que debas hacer? ¿Es una buena idea o una idea de Dios?

Jesús dijo, "Ven." Pedro obedeció. La fe es el hecho de obedecer la voz de Dios y hacer lo que él nos instruye, aun si no tiene mucho sentido. La presunción es decidir lo que yo creo que es una buena idea o lo que yo creo que deba suceder, y tratar de hacer que Dios me ayude.

Yo, ciertamente, no pensaba que iniciar una misión era una buena idea. Pero el Señor me convenció de que era una idea de Dios. ¿Darle el 100% del ingreso al misionero era una buena idea o una idea de Dios? No estaba seguro, para ser honesto. Y a veces, la mayoría del tiempo, no puedes estar del todo seguro.

Obedecer a los consejos sabios y divinos es un principio bíblico, pero también hay otros principios bíblicos. La idea de "dar según lo que haya decidido en su corazón, no de mala gana ni por obligación" era un principio bíblico que funcionaba para la iglesia.[33] Pero, ¿funcionaría para una organización paraeclesiástica?

Sentía que valía la pena intentarlo, aun si no estaba 100% seguro si era algo que el Señor me estaba pidiendo. Y ya que estábamos fuera de mi zona de confort, qué más daba hacer algo completamente loco y tratar de también obedecer principios establecidos bíblicamente. Permitiríamos que los misioneros, asumiendo que algún día tendríamos misioneros aparte de mi propia familia, "dar según lo que haya decidido en su corazón, no de mala gana ni por obligación."

¿Y si yo estaba equivocado?

No sería la primera vez. Dios es misericordioso y la mayoría de nuestras decisiones son irreversibles. Si el Señor te ha pedido que hagas algo que va más allá de los consejos sabios, inténtalo. Es posible que tengas que enfrentar algunos momentos de absoluto terror, pero también puede que camines sobre el agua. Verás que Dios convierte todo tu desastre en un gran mensaje.

No estábamos seguros de cómo nos iría siendo misioneros cuando llegamos a Guatemala. ¿Y si fracasábamos? Mi esposa y yo no somos aventureros. No nos gusta vivir la vida al extremo. Ni siquiera podíamos "hacer las cuentas" porque teníamos más incertidumbres que seguridades.

Lo único que podíamos hacer era obedecer, hacer lo mejor que pudiéramos, y aceptar la invitación de Dios, y desde ese momento en adelante, sólo podíamos confiar en que él nos sostendría y ayudaría a salir adelante. Lo único que podíamos hacer era salir al agua y ver qué sucedería después.

Evitando la parálisis por análisis

Aquellos que sientan que deben saber cada resultado, cada posibilidad, cada paso del camino antes de empezar, jamás iniciarán el viaje. La parálisis por análisis los hará esclavos de un falso sentido de seguridad. Pasarán su vida dentro del capullo, y jamás sabrán lo que podría haber pasado si abrían las alas para intentar volar.

Es probable que lleguen a la entrada del cielo sanos y salvos, pero llegarán secos. No tendrán historias épicas de terror, pero tampoco tendrán historias épicas de triunfo. Su experiencia de caminar con el Señor sólo tendrá algunas historias de pequeñas victorias y respuestas a pequeñas oraciones.

El Presidente Theodore Roosevelt habló sobre estas "pobres almas" cuando dijo: "Es mucho mejor atreverse a hacer grandes cosas, lograr grandes triunfos, aunque tengamos que enfrentar el fracaso… que quedar en el mismo nivel que esas pobres almas que ni disfrutan ni sufren mucho, porque viven en una áreas gris que no conoce ni la victoria ni la derrota."[34]

No puedes permitir que tus dudas te mantengan atado en la seguridad del bote, porque no hay manera en la que puedas predecir lo que pasará cuando obedezcas. La obediencia hace que las fuerzas de la naturaleza se muevan de tal manera que no sabes qué resultado te dará la ecuación. La obediencia hace que cinco panes alimenten a cinco mil personas, y que queden doce canastas llenas de sobras. La obediencia hace que siete panes alimenten a cuatro mil personas y queden siete canastas llenas de sobras.[35]

Déjame decirlo de otra manera: cuando los hijos de Dios obedecen, empiezan a suceder cosas muy alocadas, cosas que no puedes planificar ni anticipar: el agua se vuelve firme cuando decides caminar sobre ella, los mares y los ríos se dividen para revelar suelo seco, se abren las puertas de la prisión, y Dios glorifica su nombre a través de las personas descalificadas y ordinarias. Sal del bote. Obedece a Dios. Observa lo que él hace en respuesta.

"Pequeño" suena bien

Mientras seguía explicándole a mi amigo contador mi plan de darles a los misioneros el 100% de los ingresos para que voluntariamente devuelvan una parte para ayudar a que la misión nos sirva a todos, él admitió, "Bueno, podría funcionar si la misión se mantiene muy pequeña."

Eso sonaba grandioso porque era exactamente lo que yo esperaba, que nos mantuviéramos "muy pequeños", mi familia y tal vez un par de otras personas. Después de todo, yo pensaba quedarme en Guatemala, trabajando con los pastores y las Iglesias del lugar. No iba a reclutar, ni siquiera comentar este nuevo emprendimiento con nadie excepto, obviamente, aquellos que eran parte de nuestro equipo de apoyo, los que nos ayudaban mediante oración y donaciones monetarias.

En ese entonces, no había páginas web, ventas por internet, e-mail, y había muy pocos teléfonos celulares. Ni siquiera recibíamos correo en nuestro hogar en Guatemala, así que no había una manera conveniente para que las personas se comuniquen con nosotros. En realidad, no había la posibilidad de que esto creciera si mi familia se quedaba sana y salva aislada en Guatemala.

En cuanto a los gastos que se venían para nosotros como misioneros, utilizaríamos el garaje de mi casa como nuestra central internacional. Yo sería el contador durante las noches y fines de semana. Esto me preocupaba porque mis calificaciones de mi clase de contaduría en la universidad eran clara evidencia de que yo no tenía por qué estar haciendo esto. Pero un amigo me regaló un libro de cheques computarizado, asegurándome que era "sumamente fácil", lo cual era perfecto para mi nivel de desempeño como contador.

Un voluntario en Texas iría al correo cada semana para enviarme por fax una fotocopia de cualquier cheque que llegara. Otro voluntario haría el depósito bancario cada semana. La palabra "internet" no era parte de nuestro vocabulario, así que no había banca por internet. Cada mes, recibía una copia del estado de la cuenta bancaria para ver si coincidía con nuestro programa de manejo de cheques sumamente fácil de usar.

Todos los recibos se harían desde Guatemala, utilizando el sistema de correo de Guatemala. No era muy confiable, pero era barato, y para nosotros "barato" era prioridad. Cada contribuyente recibiría un recibo y una nota de agradecimiento en uno de esos delgados sobres de correo aéreo, con su aire exótico y esas líneas rojas, blancas y azules alrededor del borde. También incluiría una estampilla de correo de Guatemala.

Nuestra primera actualización de nuestro sistema de manejo de donaciones llegó cuando recibí una nota de una amiga. Nancy escribió, "Sé que esto suena patéticamente flojo, pero, ¿podrías, por favor, incluir un sobre de devolución junto con el recibo? Eso facilitará mucho que pueda enviar la siguiente donación."

Compré una caja de sobres blancos, invertí en un sello con nuestra dirección y empecé a sellar cada uno de los sobres que enviaba con los recibos. En aquellas épocas, cuando no había internet, ni teléfonos celulares, y cuando no era común que toda persona mayor a dos años de edad tuviera una computadora, nuestra forma de trabajar era de buena calidad tecnológica, incluyendo un fax de papel térmico y la habilidad de poder "imprimir" nuestros propios sobres de devolución.

Dependíamos entonces de que nuestros futuros misioneros sean fieles ayudando al ministerio para que *T.E.A.M. Missions* los pudiera ayudar de la misma manera que nos ayudaba a nosotros, pero los costos eran tan bajos que pensamos que esto no debería ser un problema, mientras nos mantengamos "muy pequeños".

T.E.A.M. Missions se había creado y estaba funcionando gracias a un buen equipo de voluntarios y un sistema de recibos impecable. Pero para ser completamente obedientes a la orden del Señor de iniciar una agencia misionera, tenía que hacer una cosa más. Sólo así podría volver a mi rutina en mi ministerio de misiones y olvidarme de este asunto de "bendecir a las naciones".

Conocía una pareja, sólo una, que podría estar interesada en ser parte del equipo, junto conmigo y mi esposa. Planeé un viaje a Estados Unidos para reunirme con ellos. Tal vez serían nuestros primeros, y únicos, miembros del equipo.

NOTA: *Commission To Every Nation* cumple con los siete estándares de mayordomía responsable establecidos por el ECFA (abreviación en inglés para el Consejo Evangélico de Responsabilidad Financiera), del cual CTEN es miembro y, de acuerdo a las leyes de impuestos de Estados Unidos, mantiene completa control sobre todas la donaciones hechas a la misión.

Podemos seguirlo hacia el fracaso.
La fe se atreve a fracasar.

— A.W. TOZER, PASTOR Y
ESCRITOR NORTEAMERICANO

Hasta media hora antes del vuelo,
Orville Wright seguía siendo un tonto.

— BURT ROSENBERG, DIRECTOR DE
ROSENBERG MINISTRIES.

CAPÍTULO 6

¿Hay lugar para mí en las misiones?

Eran conocidos en su iglesia como misioneros. Hablaban con mucha emoción sobre cómo algún día serían misioneros. Cuando la gente se enteraba que yo era misionero, me preguntaban si conocía a esta pareja. Así que coordinamos una reunión y les hablé acerca de cómo podrían, por fin, hacer realidad su sueño de ser misioneros. Podrían ser parte de *T.E.A.M. Missions* y yo les ayudaría a encontrar un lugar donde servir.

Me sorprendió ver que empezaron a poner una excusa tras otra. Sentía como si estuviera viviendo la historia de Jesús en Lucas 14, en la cual un hombre prepara un banquete e invita a todos sus amigos.

"´Vengan, que todo ya está listo.´ Pero todos, sin excepción, comenzaron a disculparse."

Pronto me di cuenta que no era una cuestión de que sea mal momento. Eran buenas personas que amaban de *idea* de las misiones pero, en realidad, no iban a cambiar sus vidas, salir del bote e ir a donde sea como misioneros.

Y yo entendía. En la mayoría de los círculos cristianos, ser de "pensamiento misionero" es considerado noble y admirable. Hablar de lo importante que es el trabajo misionero hace que las personas asientan con la cabeza en aprobación. Pero convertirse en misionero es un paso gigante y aterrador hacia lo desconocido. A muchos de nosotros nos encanta la *idea* de las misiones, así como a todos los ratones de los cuentos infantiles les encanta la *idea* de atar una campana alrededor del cuello del gato. "¡Es una gran idea! Estoy totalmente de acuerdo mientras seas tú el que lo hace, y no yo."

Strike tres, pero no estás fuera

Ellos eran las únicas personas que conocía en todo el mundo que podrían estar interesados en ser misioneros, y ahora estaban huyendo como ratones asustados, diciendo muy claramente, "¡No! Absolutamente no."

Al parecer, *T.E.A.M. Missions* estaba destinado a fracasar, al igual que *Trinity World Outreach. T.E.A.M. Missions* sería una organización de "mamá y papá" con un gran nombre. Jana y yo serías todo el "*team*" (equipo).

Pero los candidatos que pensé seguros y ahora se estaban ocultando tras una nube de polvo habían traído a otra pareja con ellos esa noche. El esposo, un hombre de pocas palabras, intervino en la conversación muy tímidamente.

"No soy muy inteligente, pero soy un buen trabajador. ¿Hay lugar para mí en las misiones?"

Estoy seguro de que él tuvo que tener mucho coraje para hacer esa pregunta. Ellis y Betty eran personas sencillas y calladas. La experiencia más cercana a ser misioneros que habían tenido fue visitar Oklahoma. Aparte de eso, nunca habían estado fuera de Texas. (Las personas de Texas entienden que visitar Oklahoma cuenta como una experiencia misionera en el extranjero.)

No tenían educación universitaria, no habían ido a un seminario, y tampoco tenían ninguna capacitación o habilidades especiales. Él construía cercas para ranchos. Ella era ama de casa. No estaban capacitados; strike uno. Nunca habían salido del país, ni siquiera para un corto viaje. No tenían experiencia: strike dos. Tenían dos hijos adolescentes en casa. La mayoría de las agencias que conocía no aceptarían mandar misioneros principiantes con hijos de esa edad. Strike tres. Estaban fuera, completamente descalificados.

Excepto por una cosa. Y estoy seguro de que esa cosa es lo más importante, al 100%: estaban dispuestos.

Ellis preguntaba si había lugar para ellos en las misiones. De repente, me sentí como un perro que persigue autos, logra atrapar uno, y no sabe qué hacer con él. Teníamos nuestros a primeros voluntarios para *T.E.A.M. Missions*, pero no tenía idea qué hacer con ellos.

No sabía nada acerca de ellos, y no tenía un formulario de aplicación formal para que llenaran. No sabía qué podía hacer ni lo que quería hacer. No tenía una ubicación ministerial preparada para ellos.

La mayoría de las agencias tienen preparados varios aros a través de los cuales sus postulantes deben saltar. "Haz estas diez, veinte, o cincuenta cosas, y luego veremos si estás calificado." Pero nosotros no necesitábamos eso. Ya sabíamos que *no estaban* calificados. Entonces, ¿qué hacemos ahora?

Yo había conocido y admirado al pastor de Ellis durante años, así que decidí empezar por ahí. Hablaría con Keith y averiguaría qué hacían Ellis y Betty en la iglesia. "Obviamente han estado sirviendo," pensé. "Veré qué tipo de trabajo han hecho. Si no han estado sirviendo en su iglesia local, ¿por qué los enviaría a servir a otro país?"

Tenía sentido, pero lo que no sabía era que había creado un aro para que alguien saltara a través de él: tienes que haber servido en tu iglesia local. Pero, obviamente, es un buen aro. Nadie podría cuestionar ese requisito.

Cómo construir una pista de obstáculos para misioneros

Pero, así es como evolucionan las pistas de obstáculos, una barrera lógica a la vez. Agregamos un buen requisito, una gran idea, y después una idea espléndida, y así, poco a poco, llegamos a tener millones de obstáculos, todos buenos y razonables, que un postulante debe enfrentar antes de poder aceptar la invitación del Señor a ser misioneros.

Nuestros esfuerzos en las movilizaciones misioneras muchas veces terminan en estancamientos, debido a un obstáculo que no-sotros mismos ponemos, una condición que llamo "parálisis por preparación". Tenemos las mejores intenciones, pero estos inter-minables obstáculos son parte de la razón por la cual "la cosecha es abundante, pero son pocos los obreros".[36]

Hablé con su pastor. Keith me dio muy buenas referencias en cuanto a su carácter. Era una familia buena, sencilla y muy trabajadora. Él apoyaba al 100% que fueran como misioneros. Asistían a la iglesia sin falta y la iglesia podría apoyarlos espiritual y económicamente. Eran altamente recomendables, pero luego descubrí que nunca sirvieron en la iglesia.

Y ahora, ¿qué haría? Si su pastor estaba completamente a bordo, ¿podía yo descalificarlos por una barrera que yo mismo había creado? No había nada escrito en piedra en el Monte Sinaí. Me di cuenta que, en cuanto ellos demostraron interés en participar, empecé a erguir barreras; no para protegerlos, sino para protegerme a mí mismo. Por defecto, básicamente les dije, "No, no puedes ir, a no ser que…"

Y así fue que aprendí un par de cosas que cambiarían tremendamente el futuro del ministerio.

1. Las políticas hacen que empecemos a pensar, no que dejemos de pensar.

2. Nuestra respuesta automática debe ser "Sí", no "No".

Las políticas hacen que empecemos a pensar

Las personas vienen de situaciones y circunstancias tan únicas y particulares, que hasta las barreras más razonables pueden convertirse en irrazonables y eliminar a grandes candidatos. Obviamente, necesitábamos políticas. Pero las políticas pueden, muy fácilmente, reemplazar al sentido común y la iniciativa.

Las políticas tienden a detener el proceso de pensamiento. Si hago algo que va en contra de una política, entonces sufriré las consecuencias. Pero, si obedezco las políticas de una empresa, aun si lo que estoy haciendo sea completamente absurdo, entonces estoy a salvo.

Las políticas deberían ser donde empezamos a pensar, no donde dejamos de pensar. Cuando nos encontramos con una política, debemos utilizar el sentido común y la sabiduría del Espíritu. También debemos usar la fe.

Debemos concentrarnos en las personas y sus situaciones para decir si la política encaja o si debe ser eliminada para poder alcanzar el objetivo principal de la organización. Y no olvides que si Dios es el que los está llamando, entonces él los sostendrá. Él alcanzará su gozo a través de ellos, sin importar qué tan descalificados pensemos que son, según nuestros estándares.

Las políticas deben ser como el Sábado, "hechas para cumplir con las necesidades de las personas, y no para que las personas cumplan con los requisitos de las políticas."[37] Las personas y su maravillosa diversidad deben ser prioridad. Debido a nuestra habilidad de ver a las personas como individuos y flexibilizar las políticas, en vez de obligar a las personas a que se moldeen para cumplir con las políticas, descubrimos que, muchas veces, las excepciones resultan siendo excepcionales. Aquellas personas que no encajan perfectamente en el típico molde fueron creadas por Dios en un molde distinto para cumplir con una necesidad distinta.

Normalmente, averiguamos si alguien ha estado sirviendo en su iglesia local, pero tampoco es una barrera que evitaría que alguien sea parte de *Commission To Every Nation*. Y manejamos todas nuestras políticas con la misma actitud, "está escrito en arena, no en piedra".

Cada persona es distinta. Cada iglesia es distinta. Cada situación es distinta. ¿Y quién es el Creador de toda diversidad? Si Dios decidió hacer que cada copo de nieve, cada cabello en nuestra cabeza y a cada uno de nosotros sea único, ¿por qué insistimos tanto en crear cajas idénticas para que todos encajemos de la misma manera? En el reino de Dios, hay lugares donde se necesita clavijas redondas, clavijas cuadradas, clavijas que no parecen ser clavijas, o inclusive aquellas que no son clavijas.

La prioridad debe ser pensar en el individuo, usar el sentido común y, lo más importante, escuchar al Espíritu Santo del Señor. Si está claro que alguien está respondiendo a la orden de Señor de ir, entonces debemos hacer todo lo posible para ayudar. Nuestro Dios único e incomparable ama hacer cosas con personas únicas.

Sólo un hombre caminó sobre el agua. Sólo un hombre mató a un gigante con una honda. Sólo un hombre destruyó un ejército con antorchas y trompetas. Sólo un hombre construyó un arca. Jesús sanó a una persona con tocarla, a otra con una palabra, y a un pobre hombre le embarró sus ciegos ojos. Podría seguir listando ejemplos de estas historias únicas. Cada una sucedió porque alguien estaba escuchando a Dios y fue en contra de una buena política.

Nuestra respuesta automática debe ser "Sí"

También establecí que cuando alguien aplicara para ser misionero, nuestra respuesta automática sería "Sí".

Al igual que mi respuesta inicial a Ellis y Betty, "No, no puedes ir, a no ser que…", la respuesta automática en la mayoría de las áreas de nuestras vidas es, "No". Si un padre no está seguro qué pensar de algo que se la ha pedido, dice, "No". "No, no puedes ir. No, no puedes hacer eso."

Pregunté a un funcionario del gobierno de Guatemala si podía renovar mi visa con una fotografía a color, en vez de una fotografía en blanco y negro. Me di cuenta por su expresión que no tenía idea, y me respondió de manera inmediata, "No." Luego me enteré que cualquiera de las fotografías era aceptable, pero "no" era una respuesta segura. Así, yo no implicaba ninguna responsabilidad o riego para él.

Muy rara vez, "No" significa, "He considerado tu solicitud, he averiguado qué opciones hay y esta es mi decisión." Decir "no" es, simplemente, una respuesta segura.

También puede resultar de esa manera en las misiones. No tengo manera de saber si serás un misionero exitoso. ¿Qué pasa si sales lastimado? ¿Qué pasa si todo sale mal? ¿Qué pasa si cometer un error y terminas avergonzando a la misión o arruinando nuestra reputación? ¿Qué pasa si fracasas y dejas la misión antes de lo previsto? Si te digo, "Sí", entonces asumo el riesgo. "No" es seguro, así que es fácil que sea una respuesta automática. El misionero postulante empieza con un "No" y debe esforzarse mucho para conseguir ese "Sí".

"No, no puedes ir, a no ser que… cumplas con los primeros cincuenta requisitos."

Decidí que nuestra respuesta automática sería, "Sí". "Sí. Sí puedes ir, a no ser que… te esfuerces para demostrarnos que no deberías ir."

A no ser que nos demuestres lo contrario, vamos a creer que puedes hacer esto, porque "El que los llama es fiel, y así lo hará." "Sí, puedes ir, y sabemos que te mantendrás de pie, porque el Señor tiene el poder para sostenerte."[38]

"Sí" es una repuesta riesgosa. Pero donde no hay riesgo, no hay fe. Donde no hay riesgo, no hay necesidad de Dios. "Sí" arriesga lo glorioso. "Sí" invita a Dios a involucrarse para hacer cosas extraordinarias. Programamos nuestra respuesta automática para que sea "Sí" porque es la única manera en la que podemos ayudar a las personas ordinarias unirse a Dios para lograr cosas extraordinarias.

Entonces, las políticas son donde empezamos a pensar, no donde dejamos de pensar, y nuestra respuesta automática es, "¡Sí!" Nuestra meta es minimizar las barreras y maximizar los obreros que respondan al llamado del corazón de Jesús: "…Pídanle, por tanto, al Señor de la cosecha que mande obreros a su campo."[39]

Es por eso que sólo tenemos dos requisitos: una carta de recomendación y una carta de invitación.

Carta de recomendación

No hay manera que podamos conocer a cada postulante, ni que podamos llegar a conocerlo bien durante una entrevista, a través de pruebas, ni siquiera a través de un largo proceso de postulación. Buscamos a alguien que conozca al postulante y que lo haya observado por un lapso de tiempo. Generalmente, la persona ideal es un pastor, pero hasta esa política es flexible para nosotros.

En este mundo diverso, hay razones legítimas por las que una persona no pueda ser lo suficientemente cercano a un pastor como para adquirir una buena carta de recomendación. Y los pastores son personas imperfectas, al igual que todos nosotros. Así que, normalmente, requerimos una carta pastoral brillante, pero esa política es donde empezamos a pensar, no donde dejamos de pensar. La esencia de la regla es encontrar a una persona de confianza y con una buena perspectiva espiritual que pueda garantizar la integridad y el caminar con el Señor del postulante.

Hay espacio para políticas y procesos razonables, pero siempre deben mantenerse subordinadas al sentido común y cumplir la visión para la que el Señor creó esta organización. Dios creó *T.E.A.M. Missions* (después conocido como *Commission To Every Nation*) para enviar equipos de misioneros para bendecir a las naciones. Si alguna vez empezamos a limitar ese propósito, Dios creará otra agencia que obedecerá y cumplirá su sueño por completo.

Nuestra respuesta automática debe ser, "Sí".

Carta de invitación

Ellis y Betty se estaban ofreciendo, muy emocionados, como voluntarios para seguir al Señor, así que le pregunté a Ellis qué deseaba hacer como voluntario. Él respondió, "Siempre me ha gustado la agricultura. ¿Hay alguna granja en la que pueda trabajar?"

¿Recuerdas a la maravillosa tutora que nos había sido arrebatada por un joven y guapo misionero agricultor? Bueno, él me debía una. Mike hacía obras de agricultura en el remoto pueblo maya en Nebaj, Quiche, Guatemala. Sabía que era un hombre sumamente ocupado, porque también estaba iniciando escuelas bíblicas para ayudar a los pastores en pueblos aún más remotos. No estaba seguro si tendría el tiempo para lidiar con una familia que no hablaba español ni tenía experiencia o capacitación.

No pude creer su respuesta cuando lo llamé. Él se había graduado de la universidad, especializándose en agricultura, con la meta de ser un misionero agricultor. Ahora estaba tan ocupado capacitando pastores, que había estado orando para que aparezca alguien que lo ayudara con el trabajo de agricultura. ¡Esta era una respuesta a nuestra oración y a la de él!

Pero, inmediatamente me preocupó algo más. Mike era un amigo, y quería que siguiera siendo un amigo. ¿Qué pasaría si, a pesar de la maravillosa recomendación de su pastor, Ellis y Betty resultan ser una carga, en vez de una bendición?

Decidí que vendrían por un tiempo de prueba, trabajarían con Mike, y luego volverían a casa. Si Mike los quería de vuelta, podría mandarme una carta invitándolos y explicando el tipo de trabajo que harían. De esa manera, si algo salía mal, podría decirle, "Tú los quisiste."

Dios ha estado obrando en tu vida

Me gustaría poder decir que los dos criterios que debían cumplir los misioneros calificados (la carta de recomendación y la carta de invitación) fueron el resultado de oración intensiva, pero ahora ya sabes la verdad. Necesitaba alguien que conociera al postulante y garantizara su integridad. Su respectivo pastor parecía ser una opción razonable. Y también quería librarme de cualquier responsabilidad, en caso de que estos nuevos misioneros causaran algún tipo de problema.

Estoy seguro que, en algún lugar de Proverbios, dice, "Dios cuida lo simple." Así como las veces que Dios creó circunstancias para destruir mi reputación, también lo he visto crear situaciones en las que me hizo parecer un genio. Pero me doy cuenta que no tiene nada que ver conmigo. Simplemente tiene un lugar especial en su corazón para las misiones, los misioneros y las personas simples que lo obedecen, aun si lo hacen con algo de duda.

Me sorprendió la manera en la que Dios organizó la ubicación de nuestra primera pareja misionera. A él le encanta hacer las cosas de manera que resulten ser una doble bendición. Nosotros estábamos respondiendo a la oración de un misionero que necesitaba ayuda desesperadamente y, al mismo tiempo, estábamos guiando a una pareja ordinaria en su caminar hacia las obras extraordinarias que Dios quería hacer a través de ellos.

¿Alguna vez te has dado cuenta cómo Dios siempre está trabajando tras bambalinas, organizando todo según sus tiempos perfectos? Te garantizo que Dios también ha estado trabajando tras bambalinas en tu vida. ¿Cuáles son las habilidades que él te ha dado? ¿En qué eres bueno o qué es lo que más te gusta hacer? Antes de que él te formara, él ya tenía un plan para ti. Ha estado observando tus experiencias para prepararte, y ha estado obrando en algún otro lugar, creando el espacio donde encajarás perfectamente y podrás darle la gloria.

Y, ¿adivina qué? Cuando tienes el suficiente coraje como para dar el primer paso, sin importar qué tan simple sea, él te deleitará haciendo cosas más grandes a través de ti de lo que podrías imaginar. Eso es lo que pasó con Ellis y Betty.

Pasaron una semana con Mike, y él los invitó, muy entusiásticamente, para que vuelvan y trabajen tiempo completo y sirvan al pueblo maya de Nebaj. Pero, ¿podría una pareja sin capacitación ni experiencia realmente lograr que las personas crean en ellos lo suficiente como para apoyarlos económicamente? Todavía nos esperaban muchas sorpresas y lecciones.

Todos los gigantes de Dios han sido
hombres débiles que hicieron
grandes cosas para Dios
porque confiaron que Dios estaba con ellos.

— HUDSON TAYLOR, MISIONERO EN CHINA Y
FUNDADOR DE *CHINA INLAND MISSION*.

Una cancioncilla sobre el lamento que los obreros sean pocos

La cosecha es abundante
Pero también lo son las barreras.
Tal vez es por eso
Que los obreros son pocos.

Oramos por obreros,
Pero cuando los encontramos
También encontramos
Motivos para llamarlos incapaces.

Mi gente, como las ovejas,
Es indefensa, abusada.
Necesita pastores que los cuiden
No una clase de teología.

Decidiré a quién enviar
Consultándole a mi corazón.
No necesito a los ricos,
Ni a los fuertes, ni a los sabios.

Sólo necesito siervos
Que confiarán y obedecerán.
Que estén dispuestos a seguir
Y a hacer lo que diga.

Mi plan es poder ver
Que se expanda mi reino.
Y lograré que suceda.
Sólo debo darle la oportunidad a la gente.

Una oportunidad para fracasar.
O tal vez una para triunfar.
Una oportunidad para descubrir
Para qué los he creado.

— RICK MALM

Al ver a las multitudes, tuvo compasión de ellas,
porque estaban agobiadas y desamparadas,
como ovejas sin pastor. «La cosecha es abundante,
pero son pocos los obreros —les dijo a sus discípulos—.
Pídanle, por tanto, al Señor de la cosecha
que envíe obreros a su campo». —

— MATEO 9: 36-38

CAPÍTULO 7

Sólo estuve esperando que me lo pidieras

En dos años, *T.E.A.M. Missions* ya tenía diez familias mis-ioneras. No podía entenderlo. No estaba haciendo nada para que la agencia creciera.

¿Cómo es que esta gente se enteró de nosotros? Todo esto fue antes de las páginas web y marketing por internet. No tenía un número telefónico estadounidense donde la gente podía llamarnos. No estábamos haciendo nada como para encontrar nuevos misioneros para que se unieran a nuestro equipo.

Pero Dios nos estaba enviando gente que quería hacer misiones. Algunos habían encontrado obstáculos. Algunos ya estaban sirviendo, pero algunos cambios inspirados por Dios en el enfoque de sus ministerios los dejó sin una agencia misionera con la cual pudieran asociarse.

Había una pareja que había sido enviada por su iglesia, así que cuando la iglesia sufrió una dolorosa división, ya no podía ayudarlos en la parte administrativa, pero sí seguían apoyándolos espiritualmente. Su carta, enviada desde Filipinas, llegó de manera milagrosa a nuestro hogar en Guatemala. Podía percibir su dolor mientras la leía, "Nos sentimos muy solos aquí. ¿Podemos ser parte de *T.E.A.M. Missions?*"

Nos llegó otra pareja porque un grupo de pastores guatemaltecos le habían pedido al esposo que utilizara su doctorado en ministerios interculturales para iniciar una escuela para capacitar a personas guatemaltecas para ser misioneros. "Podemos enseñarles la palabra," decían estos pastores, "pero necesitamos a alguien que los capacite para el trabajo intercultural." Misioneros guatemaltecos patrocinados por iglesias guatemaltecas enviados a otros países como misioneros interculturales. ¿Qué increíble?

Su agencia basada en Estados Unidos pensaba que era realmente increíble. Apoyaban por completo la idea, pero… estaba fuera de los límites de su visión. Le dijeron que tendría que buscar otra agencia para poder realizar el sueño de estos pastores latinoamericanos.

Una pareja nos pidió unirse a *T.E.A.M. Missions* después de haber llamado al director internacional de su actual misión pidiendo consejo. El director respondió, "¿Dónde están? ¿En Oaxaca, México? No sabía que teníamos misioneros en Oaxaca." El esposo me dijo que quería unirse a nuestro equipo porque, "Sólo queremos saber que hay alguien que sepa que estamos aquí y que esté orando por nosotros."

¿Para qué complicar más las cosas?

Algunos de nuestros primeros misioneros con *T.E.A.M.* ya habían estado sirviendo en misiones. Otros tuvieron que enfrentar muchos obstáculos que los catalogaban como descalificados, bajo la visión de las agencias misioneras tradicionales. Hay mil razones para decir, "No."

Eres muy viejo. Eres muy joven. Tienes muchos hijos. Tus hijos no tienen las edades adecuadas. No tienes capacitación en seminario. No tienes experiencia pastoral. No tienes la personalidad necesaria como para poder recaudar tus propios fondos. No tienes la aptitud necesaria para aprender otro idioma. No enviamos a personas que son divorciadas. No enviamos a personas que son solteras. No tenemos a nadie trabajando en esa área, y sólo mandamos equipos.

¿Por qué las agencias misioneras hacen que sea tan difícil que las personas puedan ir a una misión? ¿No hay ya suficientes obstáculos? ¿Para qué crear nuevos?

Hace poco hablaba con un hombre que era el responsable de capacitar a los nuevos misioneros en una agencia. Me explicó que elegían el lugar más difícil que podían encontrar como base de entrenamiento. "La mayoría de los misioneros nunca tendrían que enfrentar las dificultades con las que tuvieron que lidiar en la base remota que usamos para el entrenamiento." Él decía que los líderes de la misión pensaban que, "Si pueden sobrevivir ahí, sobrevivirán en cualquier lugar."

Me quedé atónito. ¿En serio? Esa lógica me parece terrible. ¿Y qué hay de las personas que no pueden sobrevivir ahí, pero que podrían hacer cosas increíbles en cualquier otro lugar? ¿Para qué hacerlo más complicado de lo que ya es?

Al parecer, lo hicieron tan difícil que este entrenador también decidió abandonar la agencia. Cuando lo conocí, estaba postulando para quedarse en el mismo país y servir en *Commission To Every Nation*.

Hay lugar para todos

La Marina solía decir que eran "pocos, pero orgullosos". Es un buen slogan para la Marina, pero es pésimo para el reino de Dios. Deberíamos estar haciendo todo lo posible para alentar a los misioneros más débiles, pero dispuestos, en vez de tratar de aplastarlos.

La tarea de evangelizar al mundo es demasiado grande para que sólo se encarguen unos "pocos". Necesitamos a la Marina (hablando de manera metafórica), pero también necesitamos a las Fuerzas Armadas, la Naval, la Fuerza Aérea, la Guardia Costera, la Marina Mercante, los Boy Scouts, las Girl Scouts, los Cub Scouts, los Brownie Scouts, y todos los que estén dispuestos a ayudar. Lo que quiero decir es, ¡hay un lugar para ti!

Dios seguía enviándonos gente para que sea parte de *T.E.A.M. Missions*. En un periodo de dos años, teníamos un equipo conformado de diez familias. No podía creer cuánto habíamos crecido. Recuerdo muy bien ese día en el año 1996, en el que me di cuenta que esta cosa que yo no quería hacer, esta cosa para la cual yo no veía la necesidad, esta cosa para ayudar a otras personas a que se unan a nosotros para trabajar en el campo de las misiones se estaba convirtiendo en algo serio. "Señor, me encanta lo que estás hacienda aquí, en Guatemala. Me encanta trabajar con la gente y con los pastores. Me encanta la cultura, el idioma, ah, y obviamente la comida. Pero también me doy cuenta que para que yo pueda realmente ser de ayuda para aquellas personas que nos has enviado, debo retornar a los Estados Unidos."

Me tocó perder

Nuestro equipo de voluntarios de Estados Unidos seguía trabajando y funcionando de maravilla, pero se había convertido en un trabajo mucho más grande de lo que ellos esperaban. Jana y yo sentíamos que, por más que detestábamos la idea de tener que despedirnos de nuestro hogar, nuestros amigos y nuestro ministerio en Centroamérica, debíamos regresar a los Estados Unidos.

Sentía como si me hubiera tocado perder. Tenía que abandonar la línea de combate, abandonar el trabajo práctico y divertido. Al regresar a Estados Unidos para servir a estos misioneros, estaba multiplicando mi nivel de efectividad por cien, pero era otro caso de, "Está bien, Señor, lo haré, pero no quiero hacerlo."

Cuando *Trinity World Outreach*, nuestra plantación de iglesia que ahora ya estaba muerta en Kerrville, Texas, cerró sus puertas, mantuvimos la casilla de correo activa, ya que alguna vez recibíamos correo personal ahí. Cuando iniciamos *T.E.A.M. Missions*, simplemente utilizamos la misma casilla de correo para la nueva misión.

Como *T.E.A.M. Missions* ya estaba funcionando con voluntarios de Kerrville, parecía ser el lugar más lógico para establecer ahí una base estadounidense para nuestro creciente ministerio. Pero el traslado implicó enormes retos.

Teníamos contribuyentes que apoyaban nuestro ministerio y la gente de Guatemala. Pero, ¿seguirían apoyándonos si nuestra dirección se encontraba en el área de Hill Country de Texas? ¿Seguirían viéndonos como un lugar en el que vale la pena invertir dinero de misiones si nuestro ministerio ahora habilitaría la ministración de muchos otros, en vez de ministrar nosotros mismos? Vivir en Estados Unidos significaba que nuestros gastos estaban a punto de elevarse hasta el cielo, y parecía que nuestros ingresos estaban por disminuir tremendamente.

Por qué el cuidado pastoral es prioridad

Además de los costos elevados de vivir en Estados Unidos, también me había hecho el costoso compromiso de visitar de manera regular a cada uno de nuestros misioneros para ver cómo estaba su salud espiritual. Ir a verlos era un bueno comienzo, pero no era suficiente. También quería asegurarme que podían quedarse en sus ubicaciones y mantenerse espiritualmente sanos mientras servían.

Había visto familias misioneras atravesando problemas, sin que nadie supiera de su difícil situación. A pesar de su sufrimiento, sus boletines se enfocaban sólo en las cosas maravillosas. Los informes que entregaban a su agencia misionera, si tenían una, sólo mencionaba qué estaban haciendo con su tiempo y dinero. Si los informes eran entregados a tiempo y los números cuadraban, entonces se asumía que todo estaba bien.

Pero nadie sabía que sus hijos estaban pasando por momentos de rebeldía, que la esposa sufría de depresión, y que el esposo había trabajado demasiado y estaba padeciendo cansancio extremo. Y, ¿en quién podía buscar consuelo el misionero? Si hablaba abiertamente con su agencia sobre sus problemas, podría ofrecer ayudar, pero también podría sacarlos del campo y reemplazarlos con alguien más saludable a nivel mental y espiritual.

Algunas agencias, al igual que algunas iglesias, tratan a las personas más como engranajes de una máquina que un tesoro por el cual Cristo sufrió y murió. Cuando un engranaje de una máquina se desgasta, simplemente lo remueves y lo reemplazas con otro.

¿Podría el misionero confiar en su iglesia de origen y en su pastor? Es posible que el pastor escuche y entienda, pero la prioridad del pastor es la congregación que Dios le ha dado para pastorear. ¿En qué momento va a tener tiempo para dedicarse a una familia que vive a 8,000 millas de distancia? La respuesta más lógica que podría otorgar el pastor sería, "Vuelve a casa."

"Vuelve a casa, donde podemos cuidarte," parece ser una respuesta compasiva. Pero "casa" para el misionero es, ahora, su país anfitrión. Y para el misionero, regresar a Estados Unidos o a Canadá es, en realidad, *abandonar su hogar,* y eso sólo aumenta el nivel de estrés para una familia que ya se encuentra en un estado frágil.

"Vuelve a casa" significa dejar atrás amigos y compañeros de trabajo. Significar volver sintiéndose como fracasados. Pueden sentirse como extraños en su iglesia porque muchas iglesias tienen una rotación del 30-80%, dependiendo de cuánto tiempo ha estado ausente el misionero. Los misioneros y sus hijos tendrían que hacer nuevas amistades, establecer nuevas relaciones, tal vez buscar nuevos trabajos y acostumbrarse a nuevas escuelas. Además de todo eso, tal vez tengan que lidiar con la dura experiencia de choque cultural invertido. "Volver a casa" podría ser la gota que hunde el frágil barco de esa familia.

Como resultado, muchos misioneros se encuentran a sí mismos sirviendo y sufriendo en silencio. ¿En quién pueden apoyarse sin temer a ser juzgados? ¿Quién entiende el estrés particular de vivir en otro país y otra cultura? ¿Quién puede entender el hecho de que su hogar es ahora otro país, y que volver a la "casa" en el país de origen de su pasaporte podría, en realidad, ser lo peor para ellos?

Yo no quería, ni podía, reemplazar al pastor de nuestra iglesia de origen, pero vi la necesidad de trabajar con la iglesia, ofreciendo la comprensión y aliento pastoral, resultado de mi propia experiencia como misionero. Y también vi la necesidad de poder ofrecer cuidado pastoral a aquellos que tal vez no vengan de una iglesia muy enriquecedora.

Para ofrecer este tipo de cuidado, sabía que debía ir al lugar donde estaban sirviendo los misioneros, llevar mi conocimiento hacia el campo de trabajo. Hay cosas que no puedes "ver" hasta que las encuentras cara a cara en su mundo.

Para Jana y yo, era fácil proveer este cuidado pastoral cuando la mayoría de nuestros misioneros vivían a una distancia que podía ser recorrida en un día en automóvil, en otros lugares de Guatemala. Incluso nuestros misioneros en otros países no eran un problema. Podía viajar en avión a otros países más económicamente desde Guatemala que desde Estados Unidos.

Pero ahora que habíamos regresado a Estados Unidos, y ahora que habíamos asumido todas las tareas que nuestro equipo de voluntarios había estado haciendo, me encontré a mí mismo pasando gran parte de mi tiempo recolectando y depositando dinero, haciendo cheques, recibos, y haciendo las cuentas.

Me di cuenta que necesita liberarme de las responsabilidades de contaduría para poder ocuparme del verdadero tesoro de la misión, su gente.

Nunca digas "No" por otra persona

Mientras pensaba y oraba por alguien que nos ayudara con las cuentas, se me venía a la mente una persona, Joyce. Ella y su esposo, Buddy, habían sido fieles miembros de la iglesia *Trinity World Outreach Church*, nuestra fallida plantación de iglesia. Al igual que mi familia, habían sacrificado mucho para tratar de mantener *Trinity World Outreach Church* a flote. Ellos creyeron en nosotros, y creían en las misiones.

Pero había muchas razones por las que dudaba en hablar con ella. Había pasado alrededor de cinco años desde la última vez que había hablado con ellos. Eso hacía que me sintiera incómodo pidiéndoles que me hagan un favor. Además, yo no estaba seguro si ella tenía algún tipo de experiencia en contaduría o con el manejo de computadoras, o si estaba dispuesta a aprender.

Pero, el motivo más grande por la cual ella no parecía ser la opción lógica, era por su hijo adulto. Casi diez años antes, él había estado en un terrible accidente automovilístico que lo dejó paralítico, y se encontraba en un centro de cuidados especiales en una ciudad cercana. Cada día, Joyce manejaba 30 minutos de ida y 30 minutos de vuelta para sentarse al lado de su hijo y asegurarse de que sea bien atendido todo el día. Si ella me ayudaba, estaría renunciando a su tiempo con su hijo y, posiblemente, sacrificando el tipo de cuidado que él recibiría. No veía cómo ella diría que sí.

Pero su nombre me venía a la mente cada vez que oraba por un contador. Me di cuenta que yo no tenía derecho de decir que no por ella. El hecho de ni siquiera preguntarle era quitarle a ella la oportunidad de dar… quitarle la oportunidad de recibir… quitarle la oportunidad de servir con gozo. Tenía que preguntarle. Sin embargo, también sabía que no recibiría una respuesta inmediata. Joyce y Buddy no hacían nada sin orar primero al respecto.

"Joyce, ¿podrías orar por ser nuestra primera contadora en *T.E.A.M. Missions?*"

"Lo haré," respondió.

"Está bien. Avísame cuando tengas una respuesta."

"No, me refiero a que seré tu contadora."

Estaba feliz de haber recibido una respuesta tan rápido, pero estaba confundido al mismo tiempo. "¿No quieres orar al respecto primero?"

Su respuesta me dejó sorprendido. "No, no necesito orar al respecto. Hace seis años, cuando te fuiste a vivir a Guatemala, el Señor me dijo que volverías a Kerrville, y que cuando lo hicieras, yo te ayudaría. Sólo estuve esperando que me lo pidieras. Así que, si necesitas una contadora, seré tu contadora."

Joyce sirvió con nosotros durante tres años, y cuando compramos nuestras propias oficinas, su esposo, Buddy, se integró para ocuparse del mantenimiento de nuestro edificio.

Nadie cumple con el propósito de Dios por su propia cuenta

Estaba empezando a ver otro principio de Dios obrando a través de personas ordinarias. Nadie cumple con el propósito de Dios por su propia cuenta. Vas a necesitar a otras personas. Vas a necesitar ayuda.

Pedir ayuda es difícil. No debería serlo. Si Dios está haciendo algo y estoy emocionado de ser parte de la experiencia, ¿por qué no querría invitar a mis amigos a ser parte de ella? Pero le tememos al rechazo. Tememos quedar como tontos, inadecuados, débiles, dependientes. Y los misioneros siempre parecen estar pidiendo algo.

¿Orarías por nosotros?

¿Nos apoyarías económicamente?

¿Podrías ayudarnos a encontrar un vehículo y acomodar a mi familia de cinco mientras estamos de visita en casa durante la vacación?

¿Puedes ayudarme a hacer este trámite con el gobierno?

En uno de nuestros viajes de visita a Estados Unidos, tuve que pedir ayuda para usar la bomba de gasolina de autoservicio, en las que haces tú mismo haces el pago con tu tarjeta de crédito. Me sentía como un completo imbécil contemplando esta bomba de gasolina, sin tener ni la más mínima idea de cómo conseguir la gasolina. Hasta pensé en pedirle ayuda a alguien fingiendo tener un acento para que pensaran que era extranjero. Fue una lección de humildad.

Y no sólo eso, sino que nuestras peticiones son más difíciles porque, por lo general, no hay manera de devolver el favor. Un amigo lleva a nuestra familia de cinco al aeropuerto a las 4:30 a.m. Estaciona el automóvil y ayuda a llevar nuestras mil maletas hasta el check-in. Nos abrazamos y despedimos en el área de seguridad, y luego desaparecemos de sus vidas durante años. No estaremos ahí dentro de un mes, cuando necesiten ayuda al mudarse. No estaremos ahí cuando estén enfermos o pierdan un trabajo. Lo único que podemos hacer es dar un sincero y profundo agradecimiento, y luego marcharnos.

Es aún más difícil pedir apoyo económico o explicar por qué debemos recaudar fondos. Un amigo, muy sorprendido, lo resumió así, "O sea, esa agencia misionera te pide que trabajes para ellos, ¿pero no te pagan? Es más, ¿tú tienes que pagarles para poder trabajar con ellos?"

"Sí. Es una locura, ¿no es cierto?"

Empezamos a preguntarnos si la gente se espanta cuando nos ve llegar, con miedo de que vayamos a pedirles algo. Estoy seguro que la gente está cansada de que le pidamos cosas, porque nosotros también estamos casados de pedirles. A veces, nos sentimos como garrapatas. En nuestro campo de trabajo, damos, y damos, y damos más, pero cuando estamos en casa, con nuestros familiares y amigos, parecería que siempre estamos con la mano extendida, pidiendo algo.

Un misionero que pide ayuda está diciendo...

He descubierto que cuando un misionero pide ayuda, en realidad está diciendo cosas importantes.

Un misionero que pide ayuda está diciendo, "Dios me ha dado una visión mucho más grande de lo que yo puedo lograr por mí mismo."

Un misionero que pide ayuda está diciendo, "Tú puedes ser parte de esta gran aventura y compartir la alegría y la emoción."

Un misionero que pide ayuda está diciendo, "Al ser parte de la siembra conmigo, también compartirás el resultado de la cosecha."

Un misionero que pide ayuda está diciendo, "Hay montañas más altas que escalar y ríos más anchos que cruzar. El esfuerzo es enorme, pero juntos, podemos lograrlo."

Un misionero que pide ayuda está invitando a otros a acumular los tesoros del cielo al dedicarse a bendecir a las naciones.

Cuando un misionero deja de pedir ayuda, entonces debemos empezar a preocuparnos. ¿Ha escuchado alguna falsa acusación, se ha dado por vencido, o ha cedido ante el desaliento? ¿Ha decidido cortar el sueño del Señor y conformarse con lo que puede hacer por su propia cuenta y sus propios recursos, a modo de evadir esa humildad que se necesita para pedir ayuda?

Si Moisés, uno de los hombres más poderosos del Antiguo Testamento, necesitó la ayuda de Aarón y Jur para sostener sus manos para que otro gigante espiritual, Josué, pudiera ganar la batalla, entonces nosotros, más que seguro, necesitaremos la ayuda de otros en esta batalla en la que estamos sumergidos, para mantenerse de pie con nosotros y ayudarnos a levantar la carga.

Tu equipo está esperando que les pidas participar

Y esta es la mejor noticia de todas: Si eres un Moisés, Dios ya tiene listos a tu Aarón y Jur. Si eres un Aarón o Jur, tu participación en la batalla significa que podrás gozar de la misma victoria.

Moisés, el equipo por el que estás orando está ahí. Tu equipo de apoyo económico está ahí. Tus compañeros de trabajo están ahí. Las personas que necesitarás están esperando que los encuentres y les pidas participar. Este es el sueño de Dios. Dios ya ha unido a todas las personas y todos los recursos que necesitarás para cumplir su sueño a través de ti, al igual que cuando David reunió los materiales necesarios para que Salomón pudiera construir el templo. Sólo debes encontrarlos. Están esperando que les pidas participar. Nunca digas "No" por otra persona.

Aarón y Jur, cuando inviertes en un misionero, te conviertes en un socio esencial. La batalla no puede ganarse sin la fuerza que tú aportas. Y puedes estar seguro que compartirás la gloria con todos a medida que Dios vaya cumpliendo su sueño. Si algo tan sencillo como ofrecer un vaso de agua fría garantiza que recibirás una recompensa, imagina lo grande que será la recompensa si inviertes de manera regular y haciendo un sacrificio para ser parte del equipo de apoyo de un misionero.[40]

Años antes de que tuviera la necesidad, el Señor ya tenía a Joyce apartada para ayudarme. Y también tiene personas ya apartadas para ayudarte a ti. Esto te alivia parte de la carga, pero también hace que se cumpla el sueño que Dios ha puesto en tu corazón. Es una situación en la que todos ganan. Pero tienes que tener el coraje y la humildad suficiente como para pedir ayuda, y así permitir que otros disfruten ese gozo de usar sus dones y recursos para expandir el reino de Dios.

Joyce fue la primera de todas las increíbles personas que Dios enviaría para permitir al equipo de *T.E.A.M. Missions* "ayudar a personas ordinarias a unirse a Dios", y, ciertamente, no sería la última. En ese momento, no lo sabía, pero Dios tenía todo un equipo de personas increíblemente talentosas listo para ayudarnos.

Si quieres ir rápido, anda solo.
Si quieres ir lejos, anda acompañado.

— PROVERBIO AFRICANO.

La visión de Dios lleva a su provisión.

— RICK MALM.

Antes que me llamen, yo les responderé; todavía estarán
hablando cuando ya los habré escuchado.

— ISAÍAS 65:24 NLT

Su Padre sabe lo que ustedes necesitan
antes de que se lo pidan.

— MATEO 6:8 NLT

CAPÍTULO 8

Ustedes ya son adultos

Cuando Ellis y Betty se unieron a *T.E.A.M. Missions*, ésta se convirtió inmediatamente en la agencia de misiones de crecimiento más rápido en el mundo. Nos duplicamos de un día para el otro, ¡pasamos de tener una pareja a tener dos!

Ellos fueron la primera muestra de cómo Dios cumpliría su promesa de enviarnos un equipo. Empezó con los candidatos más improbables, y fue personas como estas que Dios reuniría con el pasar de los años para permitir que nuestra diminuta organización tuviera un impacto a nivel mundial. Y empezó con las cosas más pequeñas.

Inicialmente, Ellis y Betty tuvieron dificultad para recaudar suficiente dinero para comprar un automóvil, así que llegaron a ser conocidos entre el pueblo maya como "los misioneros que caminan a todo lado". Algunos misiólogos académicos los felicitarían por poner en práctica el "ministerio de encarnación", viviendo de la misma manera que las personas que ministraban. Algunas agencias misioneras dirían que tenían una tremenda carencia de fondos y que deberían volver a casa para recaudar más fondos.

Yo simplemente les dije, "Ustedes ya son adultos. Pueden decidir por sí mismos si necesitan volver a casa para recaudar más fondos o si van a ser felices caminando y comiendo arroz, frijoles y tortillas todos los días. Yo estaré de su lado y los ayudaré, sin importar lo que ustedes decidan."

Tratar a los misioneros de CTEN como adultos ha sido una filosofía importante desde el principio. Ellos pueden orar a Dios y escucharlo. Pueden tomar decisiones por sí solos en cuanto a presupuestos, estilos de vida, cuándo retirarse, dónde viven, a quién van a servir y cómo pueden cumplir de manera más efectiva el propósito del Señor. Si un misionero no puede escuchar las cosas más básicas provenientes de Dios, ¿para qué los enviaríamos para representarlo ante las naciones?

He tenido misioneros con mucha experiencia derramar lágrimas de alegría cuando les mencioné que CTEN los trataría como adultos que pueden tomar sus propias decisiones en cuanto a cómo cuidar de sus familias y obrar de mejor manera en sus respectivas áreas. Muchos habían tenido la mala experiencia de tener que obedecer reglas cerradas y tajantes que no encajaban con su situación o ministerio en particular.

Ellis y Betty parecían estar felices viviendo como sus vecinos, sin ahorros, sin seguro médico, sin fondos de jubilación, y sobreviviendo con los alimentos más simples. No recomiendo esto porque puede llevar a un misionero muy rápidamente a un agotamiento extremo y poner a su familia en situaciones difíciles. Así que cada vez que hablaba con Ellis, lo animaba a recaudar más fondos. Y cada vez, Ellis bajaba la mirada, pateaba un poco de tierra y decía que estaba de acuerdo. Y, cada vez, ambos sabíamos que no lo haría.

Pero estaba bien. Yo había caminado con el Señor lo suficiente como para saber que él no me mandó a ser el Espíritu Santo de nadie. Cada persona debía obedecer lo que el Señor le pedía. Estén en lo correcto o no, los siervos tendrían que rendir cuentas a su

Maestro, no a mí. Cuánto dinero necesitan recaudar era algo que ellos tenían que ver por su propia cuenta.

¿Cuánto dinero debe recaudar un misionero?

Esto nos lleva a la pregunta, "¿No es responsabilidad de la agencia misionera asegurarse que el misionero tenga los recursos necesarios?" Yo pienso que sí. Pero, luego llegamos a esta pregunta, "¿Qué cantidad de dinero es la adecuada?" Creo que la respuesta es, "Lo suficiente como para ser efectivo."

En Lucas 10, Jesús envía a sus discípulos en una misión. Les dijo que no llevaran nada con ellos. No puedo imaginar darle ese consejo a uno de nuestros misioneros, pero Jesús lo hizo. Luego les preguntó cómo les fue.

"Cuando los envié a ustedes sin monedero ni bolsa ni sandalias, ¿acaso les faltó algo? —Nada —respondieron."[41]

No llevaron nada, pero fueron efectivos. Y luego les dice que lleven todas sus cosas con ellos la próxima vez. Dios lidia de manera distinta con distintas personas en distintos momentos. Cada persona debe discernir lo que Dios quiere para ellos, a través de su palabra, a través de la oración y a través de la guía del Espíritu Santo. Y luego debe obedecer.

Somos efectivos cuando somos obedientes. Enormes cantidades de dinero no pueden hacer que seamos efectivos. Lo último en tecnología y artefactos modernos no pueden hacernos efectivos. Lo último en tecnología y aparatos electrónicos no pueden hacernos efectivos. Estas cosas no son malas. De hecho, todas ellas son muy buenas, a no ser que pensemos que son la clave para ser efectivos y exitosos.

La obediencia es clave. No podemos hacer nada sin Dios. Si Dios no está obrando en los corazones de la gente, nuestros más grandes esfuerzos, nuestras mejores presentaciones, y nuestros planes mejores financiados sólo producirán "madera, heno y paja" inservibles".[42] La obediencia, no el dinero, es la que produce la efectividad y éxito del ministerio.

Uno de los misioneros más efectivos que conozco tenía una gran carencia de recursos. Me rompió el corazón leer un crudo y honesto informe que envió a una iglesia patrocinadora. "Estoy hambriento y sediento. Mi ropa no es más que harapos. Y, en ocasiones, hasta soy físicamente agredido por la gente del pueblo." Y sin importar lo mal que le iba, no le pedía a la iglesia que enviara dinero, y no le dijeron que volviera a casa porque era muy peligroso. ¿Eso parece una locura?

Sin embargo, sé por experiencia propia que él fue muy efectivo. Escribió en otra carta:

"Sé lo que es vivir en la pobreza, y lo que es vivir en la abundancia. He aprendido a vivir en todas y cada una de las circunstancias, tanto a quedar saciado como a pasar hambre, a tener de sobra como a sufrir escasez. Todo lo puedo en Cristo que me fortalece."[43]

Dios utilizó el dolor de Pablo para enseñar el "secreto para estar conforme." Su carencia lo llevó a aprender esto: "Todo lo puedo en Cristo." Estoy convencido que a veces, Dios agota cada uno de nuestros recursos para poder enfocarnos en él como nuestro único y verdadero recurso.

Obviamente, todos queremos evitar el sufrimiento y la carencia. Queremos eliminar todo riesgo. Pero Dios quiere que descubramos el gozo de la conformidad, sea "saciado o hambriento, teniendo de sobra o sufriendo escasez."

Pablo tuvo que experimentarlo personalmente para aprender. Y nosotros también debemos hacerlo. Puede que la Biblia nos informe, pero la experiencia nos transforma. Cuando experimentamos de manera personal su paz y provisión en momentos de dificultad, confiar en él deja de ser una teoría. Lenta y dolorosamente, esta confianza se entreteje en el tejido de nuestra fe.

No estoy diciendo que enviamos misioneros con escasos recursos, o que tomamos riesgos sin sentido, o que hacemos las cosas más complicadas de lo que deben ser a propósito. Estoy diciendo que debemos ser obedientes, aun cuando no entendamos bien el por qué.

¿Cómo medimos el éxito?

A veces, la obediencia nos llevará a situaciones que no parecen ser exitosas. ¿Era Pablo un éxito al estar sentado en una prisión romana? Estamos de acuerdo en que Pedro fue un éxito cuando un ángel lo sacó de la prisión, pero, ¿fue Santiago igual de exitoso cuando, días antes, fue martirizado en la misma prisión?[44] ¿Fueron los fieles desconocidos mencionados en Hebreos 11 un éxito, aun muriendo sin recibir lo que Dios les había prometido?

Debemos medir el éxito según la obediencia, no basándonos en números, milagros, personas, o cualquier otro estándar. En CTEN, queremos ser una misión que ayuda a las personas a ser exitosas siendo obedientes.

Un sueño que tengo para *Commission To Every Nation* (y siento que es un sueño que viene del corazón de Dios), es que cuando el próximo William Carey[45] o la próxima Gladys Aylward[46] escuche a Dios decir, "Ve," no tenga que luchar contra innumerables barreras para poder ser obediente. Mi sueño es que encuentre un equipo en CTEN que le dé ánimo y aliento, apoyo, y que le dé la certeza de que puede lograrlo, porque Dios tiene el poder para sostenerlo.

El peligro de enviar a personas descalificadas

Sé que hay muchos posibles problemas que pueden presentarse al enviar personas descalificadas. Podrían tener conflictos con otros misioneros, lo cual puede llevar a que haya sentimientos heridos.

Y si son realmente inmaduros, sus desacuerdos podrían resultar en que se separen y cada uno siga su propio camino, como sucedió con Pablo y Bernabé.[47]

Si no están lo suficientemente preparados, podrían desperdiciar tiempo y recursos valiosos en inicios falsos, yendo de un lado al otro, tratando de averiguar a dónde deberían ir y qué deberían hacer, al igual que Pablo y su equipo de misiones.[48]

Si no son culturalmente sabios, podrían ofender las costumbres locales, incluso iniciar un disturbio, como en Filipo y Éfeso.[49]

Si no pueden recaudar los fondos suficientes, podrían sufrir hambre y sed… frío y desnudez.[50]

Sí, enviar personas descalificadas es riesgoso, pero hasta donde he podido ver, sólo ha existido un misionero altamente calificado que ha sido enviado. Y ahora, él está sentado a la derecha del Padre celestial. Obedecerlo a él hará que nuestro ministerio sea exitoso.

Yo apoyo la educación y la capacitación. Aliento la recaudación de abundantes recursos, sean económicos o de otra naturaleza. Pero, más que todo esto, aliento la obediencia. Cuando Dios dice, "Ve," pues, ve. Si Dios dice, "Ahora," pues, ve ahora, sin importar lo que diga tu balance de cuenta bancaria.

Hay esperanza para los descalificados

Pero, ¿qué pasa si vamos y nos metemos en problemas?

Debemos poner nuestra mirada en el que nos envió para que también nos rescate. El mismo Dios que dijo, "Ve," dijo que estaría con nosotros y que proveería lo que necesitemos. El mismo Señor que invitó a Pedro a caminar con él sobre el agua, extendió su mano y salvó a Pedro cuando el viento y las olas lo abatieron.

Para ser honesto, tratar a las personas como "adultos" es atemorizante. Sin importar lo mucho que alentemos, aconsejemos y, sí, a veces hasta regañemos, siempre habrá aquellos que se comportan de una manera distinta a la que desearíamos. Algunos no aprenderán el idioma del todo. Otros no se comunicarán de manera adecuada con nosotros o con sus contribuyentes. Algunos no ahorrarán para emergencias, jubilaciones u otras necesidades predecibles. Otros tomarán riesgos alocados, pensando que es por "fe".

Hay una parte de nosotros que quiere responsabilizarse por ellos, legislar lo que consideramos ser comportamiento responsable. Sería más fácil tratar a nuestros misioneros como niños inmaduros y tomar decisiones importantes por ellos. Así, reduciríamos nuestra responsabilidad sobre cualquier decisión "tonta" que pudieran tomar.

Podríamos asegurarnos de que jamás salgan del bote y corran el riesgo de ahogarse, que nunca ataquen a un gran ejército con antorchas y lanzadores, que nunca ofendan a otros y terminen en el foso de los leones. Podríamos crear reglas para asegurarnos que no tengan la necesidad de ver a Dios manifestarse de manera sobrenatural porque son desesperadamente dependientes de él. Pero, ¿a qué costo?

Estoy convencido que la meta de Dios al enviar misioneros es, muchas veces, más sobre lo que él quiere hacer *en* el misionero que lo que quiere hacer *a través* del misionero. Así como Dios utilizó la experiencia misionera de Pablo para enseñarle valiosas lecciones sobre la conformidad y depender de la fuerza de Dios, creo que Dios sigue usando las misiones como el horno del refinador para el misionero.

De hecho, ¿será posible que nuestro servicio aquí en la tierra se trate más de Dios cambiándonos a nosotros que nosotros cambiando el mundo? Parece que sí.

Pregúntale a cualquier misionero. Sin importar qué tan grande sea su impacto, estoy seguro que te dirá que recibió más de lo que dio. "Den, y se les dará." Cuando vamos a bendecir a otros, Dios derrama bendición sobre nuestra vida, en "una medida llena, apretada, sacudida y desbordante."[51]

Las dificultades son una parte inevitable de la vida del creyente. Son una herramienta importante para aprender a escuchar, confiar y seguir al Señor. Lo que parece ser un doloroso fracaso, puede resultar ser Dios obrando una de sus más grandes victorias para la honra de su nombre. Para el ojo humano, el Hijo de Dios colgado de una cruz fue un fracaso horroroso y trágico. Desde la perspectiva de Dios, fue el triunfo más grande de todos.

Eres más calificado de lo que crees

El hecho de que Ellis y Betty no pudieran comprar un automóvil, al igual que el 98% de sus vecinos, les dio un alto nivel de notoriedad y credibilidad en su pueblo. Y, al igual que sus vecinos, eran comúnmente vistos caminando por caminos de tierra, tosiendo debido a las nubes de polvo que tenían que atravesar cada vez que un bus pasaba por su lado (o una vagoneta blanca y nueva, con las letras "O.N.U." negras y grandes en la puerta).

Ellos hacían sus compras donde todos los demás las hacían. Era fácil acercase a ellos, y vivían en constante dependencia del Señor, igual que sus vecinos.

Sin importar cuánto se esforzarán por aprender el idioma español, nunca llegaron a ser totalmente fluidos, a pesar de su in-mersión lingüística total. Pero su vocabulario básico no era un problema tan grande, porque el español también era el segundo, o tercero, o cuarto, o quinto idioma de la mayoría de las personas a las que servían. Muchos aprendían varios idiomas maya antes de ir a la escuela por unos años, donde eran obligados a hablar el español como su primer idioma.

Después de que Ellis y Betty cumplieron su compromiso de un año con el proyecto de agricultura, el Señor continuó abriendo increíbles puertas para el ministerio. Trabajaron con equipos de médicos y dentistas, con equipos de *Intervarsity Fellowship*, y ayudaron en escuelas y clínicas.

Piénsalo. Teníamos a una pareja sin preparación universitaria liderando equipos de jóvenes universitarios. Una pareja sin capacitación en el área médica que se convirtió en una parte importante de los equipos de médicos y dentistas. Y todo porque estaban dispuestos a hacerlo. En vez de concentrarse en lo que no tenían, ofrecieron lo que sí tenían. El Señor tomó sus panes y pescados inadecuados y descalificados, y los multiplicó en forma extraordinaria.

¿Qué ha depositado Dios en tu vida? Él quiere utilizar cada habilidad, talento, experiencia, toda tu educación, e incluso tus fracasos y errores para su honra y para bendecir a su reino. Todo lo que tú tienes es totalmente inadecuado en comparación con las interminables necesidades que la gente tiene alrededor del mundo. Pero, cuando pones todo lo que tienes en las manos del Señor, tus fracasos, éxitos, fortalezas y debilidades, él los tomará, los partirá, y los multiplicará infinitamente.

Para el ojo humano, parecía que Ellis y Betty no tenía lo suficiente para sobrevivir. Y, a pesar de eso, ellos le hacían préstamos al Señor.

"Servir al pobre es hacerle un préstamo al Señor; Dios pagará esas buenas acciones."[52]

A pesar de sus propias carencias, ellos daban a los pobres que los rodeaban. Ellis escribió una carta un mes para mantenerme al tanto de cómo iban las cosas.

"Hemos ayudado a muchos equipos de médicos, pero, ¿qué pasa después de que se van? Nosotros lidiamos con las secuelas. Si los médicos le diagnostican cáncer a alguien, ¿a quién buscarán para conseguir ayuda? Nos buscan a nosotros y nos preguntan, 'Y ahora, ¿qué?' Cada día tomamos decisiones morales preguntándonos a nosotros mismos, '¿Qué tan lejos podemos ir para ayudar?'

"Muchos de nuestros vecinos no pueden leer, así que coordinar pruebas médicas, llegar a la Ciudad de Guatemala (6 horas de viaje en bus), y coordinar tratamientos médicos es complicado. Hubo un mes en el que usamos casi todos nuestros ingresos para ayudar a Feliciana, que fue diagnosticada con tuberculosis. No era nuestro plan inicial, pero a medida que la ayudábamos en este proceso, una cosa llevaba a otra y, al final, no había nadie más que podría cubrir los gastos, excepto nosotros."

Luego nos contó que necesitaban llevarla a la Ciudad de Guatemala para hacer un tratamiento, pero que no tenían nada de dinero para hacerlo. Habían ido a visitar a una amiga, y mientras estuvieron ahí, ella les recordó de un préstamo que le habían hecho. La amiga devolvió el monto completo, ¡y era suficiente como para cubrir los gastos de tratamiento de Feliciana!

Hubo momentos difíciles y momentos de desilusión, pero Dios proveía de manera milagrosa para cada necesidad que tenían, a medida que iban aprendiendo a apoyarse en él y escucharlo. Ellis y Betty estaban haciendo una gran diferencia y demostrando cada día las cosas increíbles que Dios puede hacer si tan sólo nos arriesgamos y arriesgamos lo glorioso.

No soy muy inteligente, pero...

Luego, un día, Ellis me habló acerca de un problema.

"Tantas personas, incluso cristianos, viven en temor porque no entienden lo que Dios ha hecho por ellos. Quiero enseñar la palabra."

Ellis se había dado cuenta que todo el conocimiento bíblico que había adquirido al asistir a una iglesia en Estados Unidos en la que hacían un buen trabajo enseñando la Biblia, lo hacía más capacitado en cuanto a conocimientos de la Biblia que muchos de los pastores del área, de los cuales ninguno tenía estudios formales de la Biblia, y muchos de ellos no tenían educación más allá de sexto año de primaria.

"Bueno, Ellis, oremos y veremos qué es lo que Dios hace."

Recibí respuesta de él unas semanas después. "Escuché que alguien tocaba mi puerta hace un par de noches. Era uno de los pastores. Cuando lo invité a pasar, me preguntó si podría enseñarle sobre la Biblia."

Vaya. Dios estaba cumpliendo los sueños de un simple hombre que no era "muy inteligente, pero era buen trabajador" y, al mismo tiempo, estaba bendiciendo a un pastor local. Ellis continuaba, "Le pregunté con qué parte de la Biblia le gustaría empezar. Le sugerí empezar con el libro de Romanos."

"¡Wow!", pensé. "Romanos está lleno de teología y los pensamientos más profundos de todo el Nuevo Testamento. ¿Podrá Ellis hacerlo?"

Ellis continuó muy emocionado con su historia, "Le pregunté, 'Antes de empezar, ¿tienes alguna pregunta acerca del libro de Romanos?' El pastor pensó por un momento y luego me preguntó, '¿Quién lo escribió?' Hemos estado estudiando juntos todos los días durante un mes."

Sin importar dónde estés en tu caminar con el Señor, siempre habrá alguien que sabe menos que tú, y a quien tú puedas enseñar. Siempre habrá alguien que necesite ayuda en aquello para lo que tú tienes buena habilidad. Siempre habrá alguien que puede recibir aliento al saber lo que Dios ha hecho en tu vida. Y siempre habrá alguien que puede enseñarte y ayudarte a ti.

Dios utilizó a un hombre ordinario, con un corazón dispuesto y sin habilidades maravillosas, para enseñar a un pastor con muchas ganas de aprender en un remoto pueblo en Guatemala. Ellis se había ganado el respeto de la gente. Lo escuchaban. Tal vez, al vivir con "pocos recursos", era lo suficientemente accesible como para que este pastor se sintiera cómodo siendo humilde ante él y pidiéndole a Ellis que le enseñara la Biblia.

Eso es tener un impacto. Quién sabe cuántas vidas han sido tocadas por Ellis y Betty por hacer lo que Dios les pidió. Tuvieron un impacto masivo en la zona, y también en el reino de Dios.

Quedé sorprendido e impresionado al ver lo que Dios estaba haciendo a través de ellos. Pero, desde entonces, he visto lo mismo suceder con cientos y cientos de personas ordinarias. **Dios utiliza a personas ordinarias para lograr cosas extraordinarias.** Esta frase no es sólo un lindo slogan para *Commission To Every Nation*. Es el corazón de Dios para su pueblo, e ilustró lo que significa de manera maravillosa a través de nuestra primera pareja de misioneros.

Años después, cuando pensaba en Ellis, me di cuenta que la forma en la que él se describió a sí mismo desde el principio era una buena y breve descripción laboral para los misioneros.

No soy muy inteligente, pero soy buen trabajador.

¿Qué tan inteligente eres si ofreces, de manera voluntaria, dejar atrás tu hogar, tu familia, tu cultura, tus planes profesionales, y todo lo que te es conocido, para recaudar fondos y mudarte a otro país? ¿Qué tan inteligente eres si decides vivir entre personas que, seguramente, nunca podrás entender por completo, para compartir con ellos un mensaje que, muchas veces, no es bienvenido, o a veces hasta rechazado? Es una descripción laboral que suena peligrosa, que implica mucho trabajo y, ciertamente, no sería algo en lo que una persona inteligente se involucraría.

Pero, parece algo que Dios haría, porque él "escogió lo insensato del mundo para avergonzar a los sabios, y escogió lo débil del mundo para avergonzar a los poderosos. También escogió Dios lo más bajo y despreciado, y lo que no es nada, para anular lo que es."[53]

"¡No fui llamado!", ¿es lo que dijiste?
"No escuché el llamado," es lo que deberías decir.
Pon tu oído sobre la Biblia,
y escucha cómo te pide que vayas.

— William Booth, Fundador del
Ejército de Salvación.

"Déjame ocuparme de los pobres, y el Señor se ocupará
de mí. Déjame cuidar a los niños, y el Señor me tratará
como a su niño. Déjame alimentar a su rebaño, y él me
alimentará a mí. Déjame regar su jardín, y él hará de
mi alma un jardín regado.

Puede que me ocupe de mí mismo hasta un punto
mórbido; puede que me preocupe de mis propios
sentimientos hasta el punto de no sentir nada, y
puede que lamente mi propia debilidad hasta el punto
que llegue a ser demasiado débil como para poder
lamentarme. Será más provechoso para mí volverme
desinteresado y empezar a ocuparme de la almas de
aquellos que me rodean, por amor a mi Señor Jesús."

— A.B. Simpson, Fundador de *Christian and*
Missionary Alliance.

CAPÍTULO 9

¿Qué cargos están disponibles en las misiones?

A medida que crecíamos, Jana y yo nos dimos cuenta que necesitábamos a alguien para que se ocupara de nuestros misioneros, alguien que los ayudara a administrar sus tareas diarias, al igual que compartir el gozo y la responsabilidad de visitar a los misioneros en el campo de trabajo.

Pero, obviamente, no sería fácil encontrar a esa persona. *T.E.A.M. Missions* no era una agencia misionera famosa y con contactos alrededor del mundo. Muy pocas personas sabían que existíamos. Este nuevo Director Asociado que buscábamos tendría que mudarse a Kerrville, un lindo lugar, pero no uno que muchas personas sueñan con conocer antes de morir.

La ventaja que sí teníamos era que podríamos ofrecerle un salario ilimitado. Le pagaríamos todo lo que pudiera recaudar. Exacto. Sentíamos que el Director Asociado debía recaudar sus propios fondos, al igual que nosotros y nuestros misioneros.

No tenía la más mínima idea de cómo encontrar a alguien para ocupar este cargo, ya que, en realidad, no sabíamos lo que estábamos buscando, y tampoco estábamos ofreciendo un salario. Así que Jana y yo oramos y esperamos. No lo sabíamos entonces, pero ese se convertiría en nuestro método de búsqueda de personal en el futuro, oración y paciencia.

Un día, recibí un correo electrónico de una sola línea y sin firma. Parecía ser spam que había sido enviado a una gran lista de contactos. "¿Qué cargos están disponibles en las misiones?" No sabía de dónde venía, quién preguntaba, qué era lo que quería, ni cómo consiguió mi correo electrónico. Habría sido muy fácil simplemente borrar el mensaje y seguir adelante. Pero sentía que era una cuestión de cortesía básica enviar, por lo menos, una respuesta amable.

Respondí explicando que no tenemos "cargos disponibles", pero que yo estaba dispuesto a hablar con él y ver si podíamos conectarlo con algún lugar donde podía servir. Pensé que ahí acabaría todo pero, sorprendentemente, el hombre me respondió, diciendo que estaría en Kerrville en dos semanas y que le gustaría pasar por la oficina y hablar conmigo.

Él era de Washington, D.C., ¿pero estaría en Kerrville en dos semanas? ¿Qué tan inesperado era eso? ¿Y su esposa estaría con él para que también pudiéramos conocerla? Todo parecía tan extraño que era lógico pensar que Dios tenía algo que ver con esto. Pero Jana y yo acordamos no llegar a conclusiones rápidas y tomarlo con calma.

Tomándolo con calma

En diciembre de 1997, nos reunimos con Scott y Debra Walston para almorzar en un restaurante local de comida Mexicana. Scott estaba terminando su carrera militar, basado en Washington, D.C. Debra y sus siete hijos estaban arreglando su casa de ensueño en la zona Amish de Kentucky: una hermosa granja con su riachuelo, amplios campos, y una gran colina cubierta de pasto, la cual ellos llamaban la montaña Walston.

Al estar ubicada en la zona Amish, la casa que habían comparado no tenía electricidad. Scott nos dijo que Debra no era electricista, pero que había logrado hacer todo el cableado de la casa de dos pisos. En tono de broma, pregunté si ella había comprado algún libro para aprender a hacer ese tipo de trabajo. Y ella me respondió de manera muy asertiva que sí, que era exactamente lo que había hecho, como si fuera algo que todo el mundo hace.

Jana y yo nos dimos cuenta que eran personas maravillosas, pero que, al mismo tiempo, no eran súper estrellas. Eran personas ordinarias, con las que era muy fácil llevarse bien, y que eran fuertes en su fe y sus convicciones: personas que querían dar todo lo que podrían ofrecer al Señor. Parecían ser una respuesta maravillosa a nuestra oración por un Director Asociado.

Estaba desesperado por hablarles al respecto, pero ellos estaban interesados en la oportunidad de ser misioneros. Asumí que no estarían interesados en un cargo administrativo. Empecé a hablarles acerca de nuestros misioneros y cómo ellos estarían a su lado para ayudarles con sus ministerios, mientras comíamos nachos y salsa.

Ellos escuchaban muy atentamente a cada una de las oportunidades disponibles y hacían preguntas adecuadas. No podía discernir si ellos estaban tan desinteresados en todas las oportunidades que les presentábamos, o si simplemente estaban siendo cautelosos. Para cuando se nos acabaron las fajitas y la enchilada, les había hablado de cada oportunidad misionera que podríamos ofrecerles. Nada pareció impresionarlos.

Aunque pensé que estaban interesados en un ministerio en el extranjero, pensé que debía al menos mencionarles el cargo de Director Asociado. Era un trabajo administrativo y de papeleo, nada emocionante como alimentar a niños hambrientos, compartir el evangelio en las calles, o aprender otro idioma y cultura, pero era la única oportunidad que de la cual no había hablado aún.

Por primera vez en nuestra conversación, vi que los ojos de Scott se iluminaron. "Cuéntame más al respecto."

Le hablé acerca de todos los detalles relacionados con las tareas aburridas y cotidianas que yo hacía cada día para ayudar a los misioneros para que ellos pudieran hacer la parte divertida y emocionante. Les dije que tendrían que abandonar su casa soñada para mudarse a Kerrville. Les expliqué que no había un salario, que tendrían que recaudar sus propios fondos, igual que los misioneros. Nada pareció desanimarlos.

La administración era algo que a Scott le resultaba fácil. Era lo que hacía en el ejército. Le gustaba hacerlo y era bueno en ello. Increíblemente, estaban dispuestos a vender la casa de sus sueños y mudarse a Kerrville. La madre de Scott vivía en una ciudad que quedaba a 45 minutos de Kerrville, y por eso estaban en Kerrville ahora. Ellos ya sabían que cualquier cargo misionero requeriría que recauden sus propios fondos, así que no fue sorpresa para ellos. Además, tenían el dinero de la jubilación del ejército que les ayudaría a iniciar esta nueva etapa. Estaban listos y emocionados de ser parte de *T.E.A.M. Missions*.

Luego de haber disfrutado un delicioso almuerzo de comida Tex-Mex, Jana y yo salimos del restaurante casi alucinando. ¿Acaso acababa de invitar a Scott a ser nuestro primer Director Asociado? Creo que sí.

¿Acababan de decir que venderían su casa soñada y se mudarían a Kerrville? Creo que sí. Y nosotros queríamos tomarlo todo con calma.

Ni siquiera conocíamos a estas personas; no teníamos referencias, no sabíamos nada de su pasado, no dijimos "Oremos al respecto", ni siquiera dijimos que lo consultaríamos con la almohada.

Cuando este tipo de decisiones resultan bien, las personas te alaban como un líder asertivo y perspicaz, que no tiene miedo tomar grandes pasos activos. Me gustaría decir que eso fue lo que pasó, pero ahora ya sabes que no fue así. Estaba sorprendido con lo que había pasado y sólo podía esperar que todo resultara bien.

Y así fue. Scott terminó su servicio militar, y como un regalo especial del Señor por animarse a dar un paso tan grande, pudieron vender su granja al doble del precio en el que la compraron tan sólo tres años antes. Este dinero cubrió los gastos de la mudanza y les permitió comprar una casa en Kerrville. Es increíble lo que Dios hace cuando nos arriesgamos y lo seguimos, aun cuando no parece tener mucho sentido.

Utiliza todos los cerebros que puedas prestarte

Por más de diez años, Scott y Debra ayudaron a *T.E.A.M. Missions* navegar en las aguas de cambio constante: cambio de nombre, un crecimiento fenomenal, un presupuesto creciente, y transformación tecnológica.

Scott era un visionario que siempre me obligaba a pensar en grande. Él estaba dispuesto a tomar riesgos y probar cosas nuevas. Algunas no funcionaron, pero la mayoría resultaron siendo grandes éxitos que aportaron de gran manera a nuestro ministerio misionero. Él pensaba en cosas que a mí jamás se me habrían ocurrido. Él miraba hacia el futuro y establecía planes y sistemas que permitían que la misión creciera tranquilamente y sin grandes dolores de cabeza.

Él también conectaba a las personas y tenía una gran habilidad para hablar con alguien y pensar en veinte diferentes lugares en los cuales podría aplicar sus habilidades para bendecir al reino. En definitiva, Scott era el hombre del momento para Dios. Y Scott confirmó una lección importante acerca del método que tiene el Señor para usar a personas ordinarias para hacer cosas increíbles. Él enviará personas para ayudarnos a compensar por nuestras debilidades.

Una vez que nos manda a estas personas, debemos conquistar nuestras propias inseguridades, incluirlos en la visión y ayudarlos a brillar. Como dijo el presidente Woodrow Wilson, "No sólo uso el cerebro que tengo, sino también todos los que pueda prestarme." Cuando usamos el cerebro que tenemos y todos los que podamos prestarnos, nuestro sueño se impulsa hacia adelante, y otras personas también encuentran un lugar que los llena dentro del ministerio.

Esa es una de las cosas más hermosas de cómo Dios utiliza personas ordinarias. Dios no bendice al vacío. Nuestra obediencia tiene un efecto domino, enviando bendiciones y llenura a las vidas de otros.

Mis ojos se han llenado de lágrimas muchas veces durante nuestras introducciones, al ver un salón lleno de misioneros emocionados, muchos de ellos preparándose para ir a una misión por primera vez, y muchos de ellos sólo tienen la oportunidad de ir porque *Commission To Every Nation* creyó en ellos. He derramado lágrimas de emoción y sorpresa al darme cuenta que mi simple acto de obediencia le está dando la oportunidad a otros de cumplir el sueño que Dios tiene para ellos, de ir, servir y bendecir las naciones.

Habría sido fácil para mí desobedecer a Dios cuando me llamó a iniciar CTEN hace tantos años. Yo no quería dejar *Missionary Ventures*. Yo no veía la necesidad de otra agencia de mamá y papá. No quería empezar algo nuevo.

Y esta es la parte más peligrosa, que no estaba haciendo nada malo. De hecho, lo que estaba haciendo era virtuoso y efectivo. Era un misionero sirviendo en una organización destacada.

Pero las cosas buenas pueden convertirse en el peor enemigo de los mejores siervos de Dios. Muchas veces, la obediencia significa dejar algo bueno para lanzarse a lo desconocido. Antes de dejar *Missionary Ventures*, no podía predecir el resultado final de mi obedienci0a. Sólo podía ver aquello a lo que estaba renunciando. Sólo podía ver aquello que estaba dejando atrás.

El principio "Tarzán" de la obediencia

Este es un principio que he visto: las mejores cosas quedan lejos de nuestro alcance mientras no soltemos las cosas buenas. Tal vez parezca un poco extraño, pero veo este principio ilustrado en Tarzán, columpiándose de viña en viña a través de la jungla. Para poder avanzar, debe soltar una viña y sostener otra que lo impulse hacia adelante.

Si se niega a soltar la viña que está sosteniendo, inmediatamente pierde impulso y se queda colgando del árbol. De la misma manera, para seguir a Dios, muchas veces debemos soltar algo que ha sido bueno para nosotros y nos ha traído hasta aquí. Para seguir hacia adelante, debemos soltar lo bueno y agarrar la siguiente viña.

He conocido a muchas personas que parecían estar espiritualmente estancadas, como Tarzán colgando del árbol. Muchas veces, estaban ocupados haciendo buenas cosas, pero no les traía llenura. En algún momento en su vida, decidieron aferrarse a lo seguro, en vez de agarrar la viña de oportunidad incierta.

¿Podrá la siguiente viña sostener mi peso? ¿Es segura? ¿A dónde me llevará? Ellos oraron, pero no recibieron ninguna promesa de Dios aparte de, "Yo estaré contigo". El miedo los obligó a aferrarse a la viña segura y, en ese momento, su impulso se detuvo.

No hay manera de saber con anticipación si la viña es segura. No hay manera de saber si podrá soportar nuestro peso, o si se romperá y terminaremos cayendo al suelo de la jungla.

Pero, podemos estar seguros de que, para continuar avanzando hacia adelante, debemos soltar aquello que es seguro y agarrar la siguiente viña de la obediencia, confiando en el cuidado y guía de Dios. Cuando lo hacemos, no sólo avanzamos hacia adelante, pero la jungla a nuestro alrededor cobra vida. Las ramas se dobl0an, las hojas de los árboles susurran, los monos parlotean y los pájaros sacuden sus alas y cantan. Nuestra obediencia tiene un impacto sobre otros e impulsa maravillosas e impredecibles fuerzas espirituales.

No podía entender el hecho de que Dios diciéndome que iniciara una agencia misionera no se trataba de mí. Se trataba de Dios cumpliendo la promesa que le hizo a su amigo Abraham. Se trataba de Dios cumpliendo los sueños que pondría en los corazones de miles de otras personas. Se trataba de enviarlos alrededor del mundo para bendecir a millones de personas.

Este es el modo operandi de Dios. Y también es la manera en la que quiere obrar en tu vida.

La obediencia crea un tsunami de bendición

Al igual que una pequeña piedra lanzada hacia un tranquilo lago, un acto de obediencia tiene un efecto en oleada que, en vez de hacerse cada vez más pequeña, en realidad puede llegar a producir olas de tsunami de bendición que reverberan por generaciones. Tu decisión de obedecer, o de desobedecer, tendrá resultados incalculables. La obediencia pone en marcha una avalancha generacional de bendiciones para nosotros, nuestros hijos, los hijos de nuestros hijos e innumerables otros.

"Reconoce, por tanto, que el Señor tu Dios es el Dios verdadero, el Dios fiel, que cumple su pacto generación tras generación, y muestra su fiel amor a quienes lo aman y obedecen sus mandamientos."[54]

Tal vez estés teniendo dificultad para obedecer a Dios ahora. La obediencia puede ser algo aterrador. La obediencia puede parecer ilógica. La obediencia puede ser malentendida por otros. La obediencia puede ser costosa y requerir sacrificio.

Pero el costo de la desobediencia es mucho más grande. No hay manera de calcular lo que sacrificamos y las pérdidas que sufrimos cuando desobedecemos. Nunca sabremos lo que podría haber sucedido, lo que Dios podría haber hecho, el efecto que habría tenido nuestra obediencia y cuántas vidas podrían haber sido impactadas si tan sólo hubiéramos confiado y dicho, "Sí, Señor."

De todas las palabras dichas y escritas,
Las más tristes son estas,
"Podría haber sido."

— JOHN GREENLEAF WHITTIER

Nuestras primeras oficinas

Scott fue nuestro primer empleado a tiempo completo, pero ni siquiera teníamos un lugar para que pudiera trabajar. Cuando Joyce empezó a trabajar con nosotros como contadora, sabíamos que debíamos trasladar nuestra impresionante oficina internacional fuera del gran closet de nuestro dormitorio. Asistíamos a la iglesia *Grace Bible Chapel*, y el pastor me había reiterado varias veces que no dudara en hablarles si necesitábamos ayuda con algo. Bueno, esta era su oportunidad. Les pedí ayuda.

No sólo nos ofrecieron una oficina gratis que Joyce y yo podíamos compartir, sino que también nos dieron un pequeño bono. "Siéntanse libres de usar nuestras fotocopiadoras, el fax, los teléfonos, el internet, los materiales y equipos de oficina sin costo alguno."

¡Wow! Qué bendición más increíble, porque todo lo que teníamos hasta entonces era una antigua computadora, un par de paquetes de papel y algunos bolígrafos con nombres de hoteles. Este era un regalo impresionante.

"Pero," continuó el pastor Keith, "hemos estado buscando un administrador para nuestra escuela. ¿Hay alguna manera que puedas darnos una mano con eso?"

Durante dos años, a cambio de una oficina, me encargué de la escuela *Grace Christian School*, mientras supervisaba el avance de nuestra misión. Tenía un horario muy ocupado, pero nos permitió mantener nuestros gastos generales en casi cero y concentrarnos en ayudar al creciente número de misioneros que se unían a *T.E.A.M. Missions*. Cuando Scott se incorporó a nuestro personal, la iglesia, muy gentilmente, nos permitió ocupar una segunda oficina.

Sin embargo, no pasaría mucho tiempo antes de que nos diéramos cuenta que necesitábamos aún más espacio. No tenía el coraje para pedir una tercera oficina a la iglesia. Pero, si nos mudábamos, tendríamos que gastar miles de dólares equipando las oficinas, además de pagar un alquiler mensual, servicios, mantenimiento y otros gastos generales.

T.E.A.M. Missions y T.E.A.M. se encuentran cara a cara

Adicionalmente, nos encontramos cara a cara con otro gasto enorme: cuotas legales. Gracias a esta nueva cosa llamada internet, me enteré acerca de *The Evangelical Alliance Mission*, y me preocu-paba que la gente nos confundiera a nosotros, *T.E.A.M. Missions*, con ellos, *T.E.A.M.* Pero, al final, dejé a un lado esa preocupación. Era una enorme organización en Chicago, y nosotros sólo éramos tres personas, en oficinas prestadas, en una pequeña ciudad en Texas. Casi nadie sabía que existíamos. Además, *T.E.A.M. Missions* era diminuta. Ellos eran la (enorme)

The Evangelical Alliance Mission, la cual había existido durante más de 100 años. ¿Quién podría confundirnos?

Luego, recibí una carta de Illinois y *T.E.A.M.* Nos pidieron, de manera muy gentil, que cambiáramos nuestro nombre para evitar cualquier tipo de confusión. Me impresionó mucho la manera cortés y divina en la que nos trataron. Sin amenazas, sin advertencias. Simplemente una sugerencia, agregando que les preocupaba que algunas donaciones destinadas hacia nosotros fueran enviadas, por error, a ellos.

Le dije a Scott, en tono de broma, que intercambiar donaciones con *T.E.A.M.* me parecía buena idea. "Es probable que sus donaciones sean más grandes que las nuestras. Sólo nos quedaremos con las de ellos, dejaremos que ellos se queden con las nuestras y será un empate."

Y, aunque bromeaba al respecto, me di cuenta que era algo que realmente debía tomar en cuenta. "Señor, ¿es sabio de nuestra parte usar tus fondos para cambiar nuestro nombre? Costará cientos de dólares, dólares otorgados por personas que trabajan mucho para avanzar en la causa de las misiones. Afectará a todos nuestros misioneros, decenas de personas, y a sus contribuyentes. ¿Debería 'desperdiciar' nuestro dinero de las misiones para evitar las pocas probabilidades de que la pequeña *T.E.A.M. Missions* en Texas sea confundida con la "mega" *The Evangelical Alliance Mission* en Illinois? Queremos hacer lo correcto. Avísanos si debemos cambiar de nombre."

Me encanta, es más, dependo del hecho de que Dios sabe cómo comunicarse de manera clara, aún con los que somos un poco lentos para entender. "Él conoce nuestra condición; sabe que somos de barro."[55] Soy tan solo un montón de tierra con el aliento de vida de Dios en mí. Y no sé mucho acerca de cómo seguirlo, pero él sabe todo acerca de cómo guiarme.

Después de unas semanas, nos llamó uno de nuestros misioneros. "Un contribuyente dice que envió una gran donación y que no recibió un recibo. Está preguntando si recibimos los fondos." Nos pusimos en contacto con el contribuyente para averiguar qué había sucedido. "Ah, sí," nos aseguró, "lo envié hace un mes a su oficina en Illinois."

¡Ay! No teníamos una oficina en Illinois, pero sabíamos quién sí la tenía. Nos contactamos con *The Evangelical Alliance Mission*. Habían estado reteniendo el cheque porque no sabían para quién era. Nos lo reenviaron. El misionero recibió su dinero, y nosotros recibimos nuestra respuesta. Tendríamos que hacer el cambio de nombre. Pero sería costoso, y no teníamos dinero extra. Necesitábamos más espacio para oficinas, miles de dólares para equipar las oficinas y, ahora, dinero para cuotas legales e investigación para asegurarnos de no tener que volver a cambiar nuestro nombre en el futuro

Mi experiencia con una deuda en *Trinity World Outreach* me confirmó una verdad escrita en Proverbios: "Los deudores son esclavos de sus acreedores"[56] Creo que la falta de provisión de Dios es tan direccional como su provisión. Si no teníamos los fondos, Dios diría, "No lo hagas," "Hazlo de otra forma," "Olvídalo," o, "Espera."

Si Dios quisiera que nos mudáramos, compráramos equipos y material de oficina, y cambiáramos nuestro nombre, tendría que proveer los recursos necesarios con anticipación. Yo no iba a buscar los fondos necesarios en nuestra cuenta bancaria para luego buscar a Dios para que se ocupara de los gastos mensuales. Necesitábamos un enorme milagro financiero.

No lo sabía, pero estaba a punto de ser testigo de uno de los milagros más grandes.

La esencia de entregarse es quitarse del
camino de Dios, para que pueda hacer en nosotros
lo que también quiere hacer a través de nosotros.

— A.W. TOZER, PASTOR Y AUTOR ESTADOUNIDENSE.

Pero nunca podemos comprobar los placeres de su amor
Hasta que estemos tendidos sobre el altar;
Porque su favor y gozo
Son para aquellos que confiarán y obedecerán.

Confía y obedece, no hay otra manera
De ser feliz en Jesús, más que confiando y obedeciendo.

— JOHN H. SAMMIS, MINISTRO, HIMNISTA Y PROFESOR
DE ESTUDIOS BÍBLICOS ESTADOUNIDENSE.

CAPÍTULO 10

Ahora ya sé por qué Dios quería que viniera

Un domingo, después de la iglesia, se me acercó un hombre. "¡Hola! Mi nombre es Tony, y siento que debo ir contigo en un viaje de misiones." Estábamos llevando un equipo a Guatemala e invitamos a personas de la iglesia para que se unieran al viaje. "Mi esposa va a tener a nuestro quinto hijo cerca a la fecha del viaje, así que no es un buen momento, pero siento que debo ir."

Lo animé a que orara más al respecto y que le pidiera a Dios que confirme cuál era su voluntad. A la semana siguiente, Tony me dijo, muy emocionado, que iría con nosotros. Aunque parezca una locura, su esposa también sentía que él debía ir en el viaje, así que él se unió al grupo. Semanas después, se despidió de su esposa e hijos, incluyendo su hija nacida una semana antes. Abordamos nuestro avión y estábamos en camino.

A medida que íbamos visitando misioneros y ministerios, podía ver en los ojos de Tony que quedó profundamente impresionado por las enormes necesidades de la gente. Cuando estábamos visitando un orfanato, Tony me hizo a un lado. "Ahora sé por qué Dios quería que viniera."

Y luego pasó a contarme una increíble historia. Hace unos años, un cliente de Tony, que también era un buen amigo, le hizo una extraña petición. Él quería que, llegado el momento de su muerte, Tony (quien era su abogado de planificación patrimonial) entregara su enorme propiedad de manera caritativa a cualquier obra que Tony eligiera. En el tiempo en que Tony se comprometió para ir en el viaje y la fecha de partida, su amigo (y cliente) falleció, dejando a Tony una enorme propiedad para donar. Él quería satisfacer muchas de las necesidades que vimos en el viaje de misiones, ¡y también quería donar un millón de dólares a *T.E.A.M. Missions*! ¿Estaba hablando en serio?

Cuando bailar de alegría

¿Dios realmente haría esto? ¿Había realmente una enorme donación que nos llegaría? Sería lindo, pero no me iba a confiar en ello. Ni siquiera iba a orar al respecto.

Creo en el poder de la oración. Creo que Dios puede hacer cualquier cosa. Y no solamente creo en los milagros que vienen de su mano, sino que también dependo de ellos.

Pero había estado en campo de las misiones lo suficiente como para saber que muchas veces, las promesas que recibimos no se cumplen. Había aprendido a no bailar de alegría hasta que le cheque ya había sido cobrado. (Una vez, necesitaba desesperadamente que llegara una donación $25,000. Bailamos, nos alegramos, y depositamos el cheque, sólo para que terminara rebotando por todo el país.)

No es que las personas no tengan buenas intenciones. Es sólo que, en un viaje misionero, es muy fácil quedar profundamente conmovido y hacer promesas gigantescas. Una vez que la gente vuelve al "mundo real", la emoción del viaje se desvanece rápidamente y, muchas veces, las promesas y compromisos hechos también se desvanecen.

Puede ser muy desalentador cuando las personas te decepcionan o no cumplen lo prometido. Pero he aprendido que incluso la decepción es parte del plan de Dios.

Cómo sobrevivir al desánimo

El desánimo es parte normal de la experiencia cristiana. Elías sufrió desánimo. David sufrió desánimo. Jeremías y otros profetas del antiguo testamento sufrieron intensos momentos de desánimo.

Al contrario de lo que dice el folklore cristiano, Dios *sí* te dará más de lo que puedes soportar. Fue tal la angustia que invadió a Jesús que se sintió morir.[57] Pablo experimentó más de lo que podía soportar y explicó por qué Dios permite que esto pase.

"(En Asia) Estábamos tan agobiados bajo tanta presión que hasta *perdimos la esperanza de salir con vida*, [...] Pero eso sucedió para que no confiáramos en nosotros mismos, sino en Dios [...]"[58]

Era tan importante que Pablo aprendiera a confiar en Dios, que Dios lo agobió hasta perder la esperanza. Dios nos ama a ti y a mí lo suficiente como para hacernos lo mismo. Él quiere quebrantar nuestra confianza en nosotros mismos para aprender a confiar en él. Él quiere librarnos del error de buscar una fuente de apoyo en alguna persona, alguna donación, alguna fundación o algún regalo especial. Él quiere que dependamos total y completamente de él.

Nosotros somos vencedores cuando permitimos que el desánimo nos lleve a Dios, cuando aprendemos a confiar completamente en sus tiempos y planes soberanos, y cuando mantenemos nuestros corazones libres de amargura, cinismo o resentimiento.

Si Dios quería bendecir al ministerio de *T.E.A.M. Missions* con un regalo de un millón de dólares, entonces yo lo recibiría con brazos abiertos y sería muy responsable con su manejo; pero, hasta mientras, simplemente continuaría siendo agradecido por su provisión diaria.

Increíblemente, unos meses después, llegó el cheque. E igual de increíble, el cheque pudo ser cobrado. No estaba para nada preparado para esto. Y ahora, ¿qué?

Siéntate, escucha y aprende

Oré y sentí cómo el Señor puso los nombres de varios hombres de negocios locales en mi corazón. Conocía a algunos de estos hombres, y me contacté con ellos para pedirles que oraran conmigo y me aconsejaran para invertir nuestros fondos de manera sabia y encontrar un buen espacio de oficina.

No necesitábamos nada lujoso. Tenía la visión de comprar un pequeño terreno fuera de la ciudad y arrastrar una casa rodante hasta allí. ¡Voilà! ¡Teníamos nuevas oficinas!

Cuando hice esta sugerencia, las expresiones en sus rostros me dijeron que debía sentarme, escuchar y aprender.

Aprendí mucho mientras los escuchaba discutir distintas opciones. Nuevamente, aprendí la sabiduría detrás de la humildad, la sabiduría de no sólo utilizar el cerebro que tienes, sino todos lo que puedas prestarte. Analizaron la situación desde todas las perspectivas posibles: construcción, compra, alquiler, en la ciudad, fuera de la ciudad, propiedad principal, o la parte trasera de un almacén.

No fue hasta que escuché a cada uno de ellos ofrecer su perspectiva única que me di cuenta por qué Dios puso a estos hombres en mi corazón. Cada uno tenía su propia área de experiencia. Consideraron todas las perspectivas posibles, y todos decidieron, y me convencieron, que debíamos estar ubicados dentro de la ciudad y que debíamos buscar un edificio de oficinas que pudiéramos comprar.

¿Comprar un edificio de oficinas? ¿Y cómo se hace eso? ¿Podíamos, acaso, costear un edificio en la ciudad? ¿Acaso esos no cuestan un trillón de dólares? No tenía ni la más mínima idea. Soy un misionero que apenas aprobó algebra. Y aquí estaba de nuevo, lidiando con algo que estaba más allá de mis habilidades.

Pero, también me encontré nuevamente abriendo las puertas para permitir que las personas usaran los talentos y dones que Dios les dio para bendecir a su reino. Ayudábamos a los misioneros hacerlo. Ahora veía que mi debilidad también estaba dando a estos hombres de negocios experimentar el mismo gozo, el gozo de ser utilizados por Dios para expandir su reino.

Sirviendo fielmente: El primer requisito para el liderazgo

Este es un principio que he visto aplicarse una y otra vez. Creo que es una de las razones por las cuales a Dios le encanta utilizar a personas no adecuadas. La debilidad de Moisés les ofreció a Aarón y Jur la oportunidad para estar a su lado y ayudarlo a levantar una carga pesada. Ayudaron a Moisés, lo cual permitió al hombre que estaba en la línea de combate, Josué, a ganar la guerra. Cada uno de ellos participó en la batalla, y cada uno de ellos disfrutó el gozo de la victoria.[59]

Durante una terrible sequía, las necesidades de Elías fueron cubiertas por la viuda de Sarepta y, en retorno, las necesidades de ella también fueron cubiertas.[60] Dios encuentra gozo en usar a personas débiles, inadecuadas y descalificadas. Esto le trae honor y comparte el gozo con su pueblo.

A veces, serás el personaje principal en lo que Dios está haciendo, y él enviará a otras personas para que ayuden. A veces, serás el "Aarón y Jur" enviado para ayudar a otros. Sin importar cuál sea tu tarea, es importante hacerlo fielmente.

He conocido a personas tan desesperadas de ser el personaje principal, que se negaron a ayudar a otros cuando tuvieron la oportunidad de hacerlo. Ellos no harían las tareas pequeñas porque estaban esperando a ser llamados para liderar a las tropas. Pero es importante siempre servir donde estés, haciendo lo que puedas, sin importar lo insignificante que parezca la tarea.

David estaba cuidando ovejas cuando fue llamado a ser rey. Eliseo araba la tierra cuando fue llamado. Mateo estaba ocupado recolectando impuestos. Santiago y Juan estaban ayudando a su padre en su negocio familiar. Pedro y Andrés estaban pescando. Cuando Dios elige a alguien para hacer algo, siempre escoge a alguien que está ocupado, fielmente realizando una pequeña tarea.

Para ser elegido como el líder de un sueño de Dios, primero debes ser fiel sirviendo tras bambalinas, ayudando a cumplir los sueños de otros. Jesús lo dijo de esta forma: Si no serás fiel ayudando a otro, "¿quién les dará a ustedes lo que les pertenece?"[61]

Sé fiel donde sea que estés obrando ahora. Te prometo que alguien lo notará.

Parece demasiado bueno para ser cierto…

"¿Y qué tal el edificio en la calle Jefferson?", preguntó uno de los hombres. Sabía de qué edificio hablaba, y era uno de los edificios más lindos de la ciudad. Era de dos pisos y tenía una muy buena ubicación. Pero era mucho más grande de lo que necesitábamos.

"¿Acaso está a la venta?", pregunté.

El hombre que hizo la recomendación dijo, "Conozco al dueño. Hablaré con él."

Nos reunimos unas semanas después y nos enteramos que el dueño estaba interesado en reducir sus inversiones para jubilarse, y que vendería el edificio en $500,000. ¿Era ese un buen negocio, valía la pena el precio, o era un precio justo? No tenía idea, pero los hombres de mi equipo sabían exactamente qué hacer. Empezaron a investigar.

Uno de ellos descubrió que el edificio había sido construido unos años antes por $1.2 millones de dólares. Esa era una buena noticia y una mala noticia. ¿Por qué lo estaba vendiendo tan sólo en $500,000? Recordé mi experiencia en Guatemala e inmediatamente pensé, "Tal vez está construido sobre una falla tectónica." Los hombres me aseguraron un precio bastante bueno, pero justo, y me recordaron que no debo preocuparme de terremotos en Kerrville.

Otro de ellos averiguó que toda la propiedad estaba siendo alquilada, así que calculó la cantidad de ingreso mensual que producía la propiedad. Sólo necesitábamos un par de oficinas pequeñas, así que los otros arrendatarios estarían, en realidad, produciendo un ingreso que nos ayudaría a mantener nuestros gastos generales a un mínimo.

A medida que cada uno de ellos compartía lo que había averiguado, todo parecía ser demasiado bueno para ser cierto. Estaba seguro que había algo que no estábamos viendo. Oré y esperé, y luego esperé un poco más. Hasta que, finalmente, el frustrado vendedor preguntó, "¿Quiere el edificio o no?"

Acepté el trato muy nerviosamente. En octubre de 1999, inauguramos nuestras oficinas con un "open house" y un tiempo de oración y agradecimiento.

Esperé durante años que la Agencia de Protección Medioambiental nos tocara la puerta para informarnos que el edificio había sido construido sobre un botadero de desechos tóxicos, o que descubriríamos algún otro problema gigantesco. Era demasiado bueno para ser cierto.

Pero, era cierto. Los ingresos de los alquileres de las otras oficinas nos ayudaron a mantener nuestros gastos generales bastante bajos, y también nos permitieron invertir miles de dólares en proyectos y auxilio en casos de desastres que han bendecido a misioneros y a otras personas alrededor del mundo.

Dieciséis años después de comprar el edificio, el dueño anterior aún no se había jubilado. Me enteré unos años después que le había comentado a alguien que siempre amó ese, y que no estaba seguro por qué lo había vendido, especialmente a un precio tan bajo.

Dios nos había dado un hogar. Ahora necesitábamos muebles. Casi me atoro cuando vi los precios de escritorios y sillas para oficina, aún los más económicos. Teníamos el dinero, pero pensé, "¡Piensa en todas las cosas buenas que podrían hacer nuestros misioneros con tanto dinero! ¿Realmente necesitamos escritorios y sillas?"

Luego recibí una llamada de un amigo en Houston, que trabajaba para una empresa petrolífera. Estaban remodelando sus oficinas y se preguntaban si nos servirían unos muebles de oficina de segunda mano. ¡Por supuesto que sí! Dan Schoen, el hijo de un misionero que iba a nuestra iglesia, condujo su camioneta y tráiler hasta Houston y trajo el más reciente regalo que Dios nos había enviado: unos hermosos escritorios de madera, sillas, gabinetes de archivo y aparadores.

Este gran regalo también nos permitió comprar equipos de oficina. Y pudimos acceder a la petición de *The Evangelical Alliance Mission* de cambiar nuestro nombre.

T.E.A.M. se convierte en CTEN

El cambio de nombre implicó una muy costosa investigación por parte de un abogado, para asegurarnos que no tengamos la necesidad de volver a cambiar de nombre en el futuro. En medio de esta investigación, parecía que cada nombre que nos podíamos imaginar ya estaba siendo utilizado. Incluso encontré una misión que se llamaba *The No Name Mission* (La Misión Sin Nombre). Pude sentir empatía por ellos, y me di cuenta por qué tantas personas nombran sus ministerios después de sí mismos. Por lo menos tu propio nombre seguramente está disponible.

Por fin encontré un nombre que parecía ser el correcto y que no había sido tomado todavía. Pero, ahí estaba yo, volviendo al punto de origen, de regreso a un enorme nombre, aunque éste no hablaba tanto de un enorme ministerio, sino más bien de una enorme misión dada por un enorme Dios: *Commission To Every Nation* — Comisión a cada nación.

En ese momento, cambiar de nombre parecía algo tan grande. Teníamos decenas de misioneros que tendrían que explicar el cambio de nombre a sus contribuyentes. Yo no tenía idea del crecimiento que Dios tenía preparado para nosotros. Pero el maestro constructor estaba revisando su plano, y ahora estaba colocando la última parte de la base. En febrero de 1999, *T.E.A.M. Missions* se convirtió en *Commission To Every Nation*.

Con un nuevo nombre y nuevas oficinas, Dios había construido una base sólida para CTEN. No lo sabía en ese momento, pero él nos seguiría enviando un flujo constante de personas, personas que tenían un sueño de Dios implantado en sus corazones. Personas que necesitaban un equipo para mantenerse firme con ellos para cumplir su sueño. Personas ordinarias fortalecidas por un Dios extraordinario para ir y bendecir a las naciones.

Pero nosotros no queríamos sólo enviar personas. Queríamos tener la capacidad de ocuparnos de ellos y ayudarlos a mantenerse espiritualmente saludables al servir. El aumento de responsabilidades y crecimiento conllevaba más y más tareas administrativas. Se estaba haciendo cada vez más difícil para nuestro pequeño equipo poder visitar a los misioneros.

Cuidar a los misioneros orando por ellos cada día, comunicándonos con ellos de manera regular, y visitándolos de manera regular en su país de servicio iba a fracasar se no buscábamos más ayuda.

La respuesta llegó de la manera más inesperada.

No necesitas una gran fe, sólo fe en un gran Dios.

— HUDSON TAYLOR, MISIONERO EN CHINA Y
FUNDADOR DE *CHINA INLAND MISSION*.

*La obra de Dios hecha a la manera de Dios, jamás
carecerá de la provisión de Dios.*

— HUDSON TAYLOR, MISIONERO EN CHINA Y
FUNDADOR DE *CHINA INLAND MISSION*.

CAPÍTULO 11
No encuentro quién ore conmigo

Cuando conocí a Jack Rothenflue, me di cuenta que era un poco diferente. Era un hombre conservador, encargado de pastorear una iglesia de denominación liberal. Pero eso no era lo que lo hacía diferente, ni tampoco los jeans y botas de vaquero que usaba, en medio de un mar de ejecutivos con sus trajes y corbatas.

Jack hizo un devocional en un almuerzo ejecutivo que yo había patrocinado en nuestra nueva sala de conferencias. Cada semana, invitaba a un pastor para dar una pequeña charla a un grupo de ejecutivos que traían sus propias bolsas de almuerzo. Resultó ser una situación en la que todos salían ganando.

El almuerzo reunía ejecutivos y pastores locales en nuestro edificio para conocer *Commission To Every Nation*, lo cual había llegado a ser cariñosamente conocido como CTEN (pronunciado "si-TEN") (Victoria #1). Cada hombre llevaba su propio almuerzo, así que no había mucha preparación previa necesaria (Victoria #2). Sabía que cada pastor llevaría su mejor material (lo que significaba un devocional poderoso), y yo no tenía que preparar ninguna enseñanza (Victoria #3). Y, además de eso, uno de los hombres generalmente me compraba almuerzo (Victoria #4). ¡Qué buen negocio! Como dije, todos salíamos ganando.

Luego de la reunión, Jack me dijo que tenía algunas preguntas acerca de las misiones. Yo esperaba las típicas preguntas que hacen las personas, para las cuales ya tenía preguntas predeterminadas.

¿Para qué enviar misioneros a otros países, cuando hay tantas personas no creyentes en casa?

¿Para qué enviar misioneros, cuando los trabajadores de la zona pueden hacer lo mismo, de mejor manera y a menor precio?

¿Para qué enviar misioneros a países donde ya se conoce el evangelio?

¿Para qué enviar misioneros, si destruyen culturas nativas?

En caso de que te preguntes cómo responder a estas preguntas, lee el Apéndice 1 al final del libro para ver las respuestas que ya tenía preparadas para Jack.

Pero él me agarró desprevenido. Sus preguntas eran profundas. Tocaban temas de verdadera importancia dentro de las misiones. Este tipo, vestido en jeans y botas de vaquero, me impresionó. Intenté darle repuestas profundas, pero en realidad sólo estaba tratando de zafarme de ellas, con la esperanza de que mis respuestas superficiales fueran suficiente para sus preguntas profundas. Fue un alivio cuando me dijo, "Gracias," y luego se colocó su sombrero de vaquero blanco, y se despidió.

Debo retirarme, pero, ¿y ahora qué?

Pasaron varios meses antes de que volviera a ver a Jack. Fue a mi oficina y me preguntó si podía orar por él. Este pedido me pareció extraño. Él pastoreaba una iglesia local y conocía a cientos de cristianos en la ciudad. Nosotros a penas nos conocíamos. ¿Por qué me pediría a *mí* que orara por él?

"Dios me dijo que me retirara de la iglesia, así que lo hice. Pero ahora, no sé qué se supone que debo hacer. Todos dicen que estoy loco, y muchas personas ni siquiera quieren orar conmigo al respecto. Pero, pensé que como tú eres misionero, debes saber algo sobre la fe. ¿Podrías orar conmigo mientras intento entender lo que Dios quiere que haga?"

Eso era todo. Él sólo quería que alguien orara por él. Cuando oramos, sentí que Jack encajaría muy bien en nuestro creciente ministerio, así que después del "Amén", lo invité a considerar servir con nosotros.

Me preguntó, completamente sorprendido, "¿Y qué haría?"

Obviamente, yo no había pensado tan hacia adelante en el futuro. "No tengo idea, pero creo que encajarías muy bien. ¿Por qué no lo oras con tu esposa, y ven si esto es lo que Dios tiene preparado para ustedes?" Hablamos unos minutos más, y luego él se fue.

Cuando llegó a la puerta, listo para salir, recordé que no le había mencionado nuestro paquete de salario ilimitado. "Ah, por cierto, debes recaudar tus propios fondos para poder hacer esto."

Me lanzó una mirada de confusión. "¿Y eso cómo funciona?"

A medida que le explicaba, este pez que aparentaba estar a punto de salir del bote parecía escaparse. "Está bien, gracias por orar conmigo. Estaremos en contacto."

Una descarga divina

Pasó casi dos meses antes de que volviera a ver a Jack nuevamente. "Háblame más acerca de este tema de tener que recaudar fondos." Él había recibido la invitación de tres iglesias para ser su pastor, pero él no podía descartar la idea de hacer "quién sabe qué" con CTEN. Estaba empezando a preguntarse si esta era la dirección por la cual Dios lo estaba guiando. Pero, ¿recaudar tu propio dinero para poder hacerlo? Eso parecía una locura. Dijo que seguiría orando al respecto.

Sabía, por mi elección accidental para ser miembro del directorio de la escuela en Guatemala, que "orar al respecto" puede ser peligroso, y que puede llevarte por caminos que nunca hubieras imaginado. Tenía la esperanza de que lo mismo pasara con Jack.

Semanas después, estaba en una reunión con nuestro directorio. Se abrió la puerta de la sala de conferencias y apareció Jack. "Ah, lo siento. Tengo que hablar contigo después. Dios me habló." Y con eso, se marchó.

Más tarde, Jack me dijo que Dios había "descargado todo un plan de cuidado pastoral". Jack escribió lo más rápido que podía mientras el Señor puso una idea tras otra en su mente para que el cuidado pastoral de CTEN pase de ser bueno a ser excelente. Este era Dios. Esto era algo que el Señor quería que Jack hiciera. No sabía cómo iba a recaudar sus fondos, pero estaba listo para arrancar y ver lo que Dios haría.

Se unió al personal de CTEN y empezó a recaudar fondos. Algunas personas le respondieron, pero no recaudó lo suficiente para cubrir sus gastos. Pero no había problema, porque su esposa, Carol, había encontrado trabajo. Sus ingresos, más algunos retiros de su cuenta de ahorros, les permitían vivir tranquilos. Pero Dios tiene su manera de entrometerse hasta en nuestros mejores planes.

A Carol le gustaba su trabajo, pero a medida que pasaron los meses, y luego los años, crecía en ella la sensación de que no era el lugar para ella. Ella pertenecía en CTEN, con Jack. Pero no había los fondos necesarios. Un día, mientras ella alimentaba a sus cabras, gallinas y burros (había un motivo por el cual Jack usaba esas botas), expresó su frustración. "Señor, ¡han pasado tres años! ¿Cuándo vamos a tener el apoyo suficiente para que yo pueda servir con Jack a tiempo completo?"

La respuesta del Señor no fue muy tranquilizante. Como muchas veces lo hace, respondió a la pregunta con otra pregunta, "¿Cuánta fe es necesaria para que esperes tener todo el apoyo necesario?" Ella sintió que el Señor los estaba retando a salir del bote por completo y caminar con él sobre las aguas más profundas de la confianza.

Es gracioso cuántas veces esperamos al Señor, sólo para darnos cuenta que él es el que estaba esperándonos a nosotros. Muchas veces, somos nosotros los que debemos dar el primer paso. Una vez que nos ponemos en acción, él se pone en acción. "Acérquense a Dios, y él se acercará a ustedes."[62]

Tenían miedo, pero Jack y Carol sabían que era mejor ser pobres, hambrientos y obedientes, que estar llenos de fondos, bien alimentados y ser desobedientes. Carol renunció a su trabajo y se unió al personal de CTEN a tiempo completo. Algo completamente inesperado sucedió un mes después.

¿Se triplicaron sus ingresos? ¿Un tío millonario les dejó un millón de dólares? Jack y Carol fueron obedientes y salieron del bote, confiando muy valientemente en que Dios proveería para ellos. Y, al mes siguiente, ¡tres de sus contribuyentes anunciaron que ya no podrían ayudarlos!

Los testimonios épicos resultan de pruebas épicas

Los caminos de Dios ciertamente no son los nuestros, ¿no es cierto? En nuestra mente, calculamos lo que Dios va a hacer, cómo nos ayudará. Pero, en realidad, a veces las cosas van de mal en peor. Es muy fácil sentirse como el hombre que dijo, "Me dijeron que me alegrara, que podría ser peor. Así que me alegré y, por supuesto, las cosas empeoraron."

No podemos tener un testimonio épico sin primero pasar por pruebas épicas. No podemos experimentar una victoria gloriosa sin una terrible batalla. El intento de salir del capullo es lo que le da fuerza a la mariposa para poder volar.

No deberíamos sorprendernos si nuestra obediencia a veces hace que las cosas empeoren. La obediencia debe ser su propia recompensa. La obediencia no es una herramienta para conseguir algo de Dios. Hacemos lo que es correcto, porque es correcto hacer lo correcto, sin importar las consecuencias.

El hecho que estés leyendo esto ahora hace que me pregunte si Dios te ha pedido hacer algo alocado. Algo que está más allá de tus posibilidades. Puede parecer aterrador e ilógico. Es posible que te sientas inadecuado. Puede significar sacrificar tu carrera, tu estabilidad económica, o incluso tu reputación. Puede ser algo que ya hayas hecho antes y fracasaste.

Si aceptas la invitación del Señor, no puedo garantizarte que no habrá momentos atemorizantes; seguramente los habrá. No puedo prometerte que las puertas se abrirán de golpe, sin que hagas ningún esfuerzo. Ni siquiera puedo prometerte que no te hundirás si sales del bote. Pedro lo hizo, ¡justo después de experimentar una de las cosas más increíbles que cualquier ser humano haya experimentado!

La obediencia puede ser atemorizante. Pero decidí hace mucho tiempo que si me estoy ahogando y Dios me lanza un ancla, pues, tomaré el ancla. Prefiero hundirme confiando en él, que mantenerme a flote por mi propia cuenta. Si Dios nos lleva hasta el fondo, es mejor estar ahí con él que en la superficie sin él.

Nuestro Padre Celestial quiere lo mejor para nosotros. Cuando nos aferramos a esa verdad, podemos aferrarnos a él y aferrarnos a donde él nos lleve. Tal vez no sea a donde nosotros queríamos ir. Tal vez no sea cómodo. Tal vez no lo entendamos. Pero "sabemos que Dios dispone todas las cosas para el bien de quienes lo aman, los que han sido llamados de acuerdo con su propósito."[63]

¿No es irónico que el versículo diga "sabemos"? ¿En serio? ¿Sabemos…? Si realmente supiera que Dios está obrando para mi propio bien, no me pondría ansioso cuando los problemas invaden mi mundo. No tomaría represalias al ser maltratado. No me frustraría si las cosas no salen a mi manera, porque me daría cuenta que, sin importar qué pase, las cosas *sí* están saliendo a mi favor. Si creyera que Dios hace que cada detalle de mi vida funcione a mi favor y por mi propio bien, caminaría con una paz y confianza tan increíble que sería como si fuera… bueno, como si fuera una nueva criatura.

Jack y Carol, al igual que otros héroes de la fe, y como todos nuestros misioneros en CTEN, enfrentaron un momento en el cual tuvieron que decidir entre la seguridad del bote y el terror de la tormenta. Cada de uno de nosotros lo ve de manera distinta, pero ese momento de "dar un paso en fe o estancarse en el miedo" es una parte central del currículo para todos los discípulos del Señor.

Dios diseña nuestros retos a medida. Él personaliza cada uno de ellos para destruir nuestro conjunto particular de miedos e ídolos de inseguridad. Pero te garantizo que, si Dios va a hacer cosas extraordinarias a través de ti, hará que enfrentes aquellas cosas a las que te aferras en tu intento de mantenerte a flote. Él quiere que te aferres a él, aun cuando él aparezca en forma de un ancla que te llevará hasta el fondo.

Dios y Satanás tienen la misma meta

Jesús no se sacrificó para que nuestras vidas fueran mejores. Él quiere que seamos crucificados con él. Eso significa que Dios y el diablo tienen la misma meta. Ambos nos quieren muertos. Con la muerte a nuestra vieja vida, Jesús nos ofrece el inicio de una nueva vida, una vida libre y emocionante: su vida. Cuando muero a mí mismo, el Señor puede vivir su vida a través de mí. Su vida y su obra se cumplen a través de mí.

Cuando entendemos este concepto, entendemos por qué Dios no es limitado por una pequeña lista de capacidades o habilidades. Él quiere hacer cosas increíbles, cosas que sólo él puede hacer, pero quiere hacerlas a través de ti y de mí. El mundo aún no ha visto lo que Dios hará a través del hombre o la mujer que renuncia por completo a sí mismo y le cede totalmente el paso a él.

Pero, ¿cómo lidias con esas voces internas y externas que te dicen, "No puedes hacerlo", "No estás calificado", "No eres lo suficientemente inteligente, ni lo suficientemente fuerte", "No tienes la preparación académica necesaria, ni los recursos económicos, ni la experiencia", "No tienes lo necesario para caminar sobre el agua"? ¿Qué haces con esas voces?

Ponte de acuerdo rápidamente con tu adversario. Esas voces tienen toda la razón; no puedes caminar sobre el agua. Pero, si has recibido la invitación de Dios, entonces atrévete a salir del bote. Acepta su invitación, y observa con admiración lo que Dios hace.

Jack y Carol recibieron la invitación. Salieron a enfrentar el terror de la obediencia abnegada. Salieron y se asomaron al gozo de ver a Dios hace cosas increíbles a través de ellos. Jack desarrolló un programa de cuidado pastoral más allá de lo que yo había esperado, y creó un patrón que sería seguido por otras personas que llegarían a ser parejas encargadas de cuidado pastoral a tiempo completo en CTEN.

Debido en gran parte a la influencia de Jack y Carol, cada departamento de *Commission To Every Nation* (administración, finanzas, publicaciones, hasta mantenimiento del edificio) ve el cuidado de los misioneros como parte de su trabajo. Imprimir cartas, depositar cheques, contestar llamadas, cambiar los focos, todas estas son tareas llevadas a cabo con el propósito de servir a los misioneros que se encuentran en la línea de combate. Jack y Carol tuvieron un gran impacto.

Y, curiosamente, otro Jack y otra Carol estaban a punto de tener un impacto sobre *Commission To Every Nation* de manera completamente distinta.

Oh, Canadá

Jack y Carol Lavallee son una pareja canadiense, y misioneros en CTEN. Un día, buscaron a Scott para hablarle de una idea que tenían. Años antes, sintieron que el Señor les decía que debían iniciar una agencia misionera en Canadá, y sentían que ahora era el momento indicado.

A medida que hablaban, era claro que CTEN trabajaría con ellos para cumplir este sueño. Scott dijo que me presentaría su idea para ver qué opinaba.

Lo que ellos no sabían era que, años antes, sentí que el Señor me decía que abriríamos una oficina en Canadá. Sólo que no tenía idea cómo la abriríamos, así que dejé esa idea a un lado. En Guatemala, Dios me dijo que reuniría a un equipo para "bendecir a las naciones". Y era exactamente lo que estaba haciendo. Si él quería una oficina en Canadá, estaba seguro que, en el momento indicado, también se encargaría de eso. ¿Era este el momento indicado? Empecé a orar y a buscar consejo.

Jack y Carol tenían amigos en Canadá que nos ayudarían a navegar a través de los retos legales. Un pastor en Windsor, Ontario, ofreció servir en el directorio, y también darnos un espacio de oficina en su iglesia. El tesorero de la iglesia, que era un técnico jubilado de *Ford Motor Company*, se ofreció como voluntario para encargarse de la contabilidad. CTEN USA empezó con voluntarios. Tal vez CTEN Canadá también lo haría. Parecía que Dios estaba diciendo, "Este es el momento indicado."

Empezamos todo el papeleo necesario para iniciar una caridad canadiense. Unos nueve meses después, el 16 de septiembre de 2005, la agencia de impuestos de Canadá colocó el sello final en todo el trámite de aprobación, y *Commission To Every Nation Canada* fue oficialmente inaugurado.

Buenos problemas en Canadá

John Hauk, nuestro contador voluntario, no tenía experiencia previa con la contabilidad computarizada, pero estaba muy dispuesto a aprender todo lo necesario. Descubrió cómo lidiar con todos los molestos detalles y, hasta el día de hoy, es el encargado de nuestra oficina en Canadá.

Él es una gran fuente de inspiración para mí. ¡Está jubilado de su carrera! Podría pasar cada día acampando a la orilla de un tranquilo lago en Canadá, o trabajando en su garaje construyendo casas para pájaros. Pero él no se jubiló; decidió seguir trabajando. Decidió pasar de ser exitoso a hacer algo significativo. Está dedicando su tiempo y energía a algo que realmente tiene un impacto a nivel mundial, ahora y para siempre.

Fue emocionante ver cómo CTEN Canadá crecía. En poco tiempo, ya teníamos diez familias en CTEN. Pero este crecimiento también trajo algunos retos. Yo no conocía la ley canadiense, y nuestra oficina en Canadá se encontraba a 1500 millas de distancia.

John estaba haciendo un trabajo increíble, pero era voluntario. Jack y Carol seguían comprometidos a hacer su ministerio de misiones en las cárceles de Estados Unidos. Si surgía alguna crisis, no sería justo pedirles que dejaran todo de lado para ocuparse de eso. Así como CTEN USA creció demasiado para ser manejado de manera efectiva por voluntarios, CTEN Canadá había llegado a ese mismo punto.

Cuando CTEN USA necesitó un director a tiempo completo, abandoné nuestro ministerio en Guatemala para asumir el liderazgo a tiempo completo del ministerio en Estados Unidos. Pero yo no era el indicado para encargarse de la oficina en Canadá, y tampoco conocía a alguien que pudiera hacerlo. La necesidad de liderazgo a tiempo completo se convirtió en una preocupación tan grande que, por un momento, consideré cerrar la oficina en Canadá.

Le dije a Jana, "No quiero cerrarla, pero tampoco quiero enviar misioneros si no puedo garantizarles que estaremos ahí cuando nos necesiten. Sería mejor no enviar a una sola familia, en vez de enviarlos y no poder apoyarlos una vez que se encuentren en la línea de combate. Necesitamos un director a tiempo completo, pero ni siquiera por dónde empezar a buscar."

Nuestra política de reclutamiento de personal era "oración y paciencia", pero debo admitir que no tenía mucha fe en que Dios podría responder a esta oración, y se me estaba agotando la paciencia por mi preocupación por los misioneros que contaban con nosotros.

Muy pocas personas conocían CTEN Canadá. No sabía cómo difundir nuestra necesidad. Y, al igual que el personal estadounidense, el director en Canadá tendría que recaudar sus propios fondos.

No salario. No contactos. Sin manera de difundir la noticia de lo que necesitábamos. No sabía cómo alguien, ni siquiera Dios, podría hacer que esto salga bien. Oh, Canadá, no quería hacerlo, pero si algo no sucedía pronto, sentía que la única decisión responsable sería cerrar la oficina en Canadá.

Pero, aparentemente, Dios también quería una agencia de mamá y papá en el norte, porque él nos trajo un director de la manera más maravillosa.

Dios todavía no ha terminado contigo

En una de nuestras introducciones de tres días, una pareja que iba a Grecia se emocionó al saber cómo *Commission To Every Nation* servía y se preocupaba por sus misioneros.

El padre de la esposa había sido misionero en Grecia, pero se estaba retirando. Sentía que su tiempo en las misiones había terminado. Luego recibió una llamada de su hija.

"Papá, debes conocer *Commission To Every Nation*. Ellos hacen misiones en la forma que tú siempre dijiste que deberían hacerse."

Incrédulo, pero dispuesto a saber más, Trevor Eby llegó para la siguiente introducción en marzo de 2011. Su hija tenía razón. La visión de CTEN se alineaba perfectamente con la suya en cuanto a cómo una agencia podría ayudar a sus misioneros ir y mantenerse saludables mientras servían.

Mientras hablaba con Trevor, me di cuenta que este hombre sería una gran adición a nuestro equipo. Tenía experiencia en misiones. Amaba las misiones y a los misioneros. Había visto la necesidad de cuidar a los misioneros después de enviarlos. Y simplemente era un hombre muy agradable, muy relajado. Pero, ¿acaso no son así todos los canadienses, eh?

Luego me enteré que él había sido el director en Canadá del ministerio en el que sirvió antes en Grecia durante 17 años. Si me hubiera tomado el tiempo de hacer una lista descriptiva de la persona, personalidad y experiencia que necesitábamos en un director, no habría sido tan perfecta como Trevor.

Era claro que él era el hombre que Dios había enviado para CTEN Canadá. Trevor fue una increíble respuesta a una oración a la cual no le tenía mucha fe. La confirmación final llegó cuando me enteré que su esposa se llamaba Jana, igual que la mía. Bueno, eso no fue una confirmación, pero sí fue interesante y causa un poco de confusión cuando todos estamos juntos.

¿Y cuál era la parte más emocionante? No sólo estaba Dios permitiendo que CTEN Canadá continuara con su servicio, pero el Señor permitió a Trevor llegar a un ministerio que cumplía un sueño que Dios puso en su corazón. Justo cuando pensó que había terminado su trabajo en las misiones, Dios abrió una nueva puerta de amplia oportunidad. En septiembre de 2011, se convirtió en el primer director de CTEN Canadá.

Como director, Trevor estaría a cargo de enviar y velar por el bienestar de los misioneros, incluyendo su hija y yerno, valorándolos como los preciosos tesoros del reino que son.

CTEN USA y CTEN Canadá ahora tenían un buen liderazgo y un creciente equipo de misioneros. Cuando Dios me empezó a hablar de establecer una agencia misionera, me dijo que mandaría un equipo. Dijo que el equipo ayudaría a cumplir la promesa que le hizo a su amigo Abraham: que a través de la semilla de Abraham, el Señor Jesús, todas las naciones serían bendecidas. Y estaba comenzando a suceder.

Alrededor del mundo, las 24 horas del día, 7 días de la semana, 365 días del año, los misioneros de CTEN estaban bendiciendo a las naciones. Estaban compartiendo la gloriosa noticia de Dios y la salvación a través de Jesucristo de distintas formas. Las cosas no podían estar mejor, hasta que…

Jesús no murió para salvarnos, sino para adueñarse de nosotros. No sólo vino a librarnos del pecado, sino también para esclavizarnos a él.

— JOHN MACARTHUR, PASTOR,
AUTOR Y LOCUTOR ESTADOUNIDENSE

Hacer lo correcto porque es lo correcto, aun cuando no quieres hacerlo, no es ser hipócrita. Es ser virtuoso. Se llama sumisión. Se llama obediencia.

— RICK MALM

CAPÍTULO 12

¿No deberías, por lo menos, orar al respecto?

En febrero de 2011, Scott Walston sintió que era momento de retirarse de CTEN USA. Había hecho un trabajo increíble. Juntos vimos cómo el Señor llevó a CTEN desde oficinas prestadas a tener su propio edificio de oficinas, de unas cuantas familias a cientos de misioneros alrededor del mundo, de hacer la contaduría a mano a un departamento de finanzas y publicaciones de alta tecnología.

También tuvo un rol importante en la apertura de la oficina en Canadá. El impacto que tuvo seguiría sintiéndose durante años, y sólo la eternidad revelará el efecto dominó de su ministerio. Era difícil imaginarse a CTEN sin Scott, pero tampoco me cabía duda alguna de quién era la persona que el Señor había preparado para reemplazarlo y seguir con la misión. El problema era que esta persona no quería saber del tema.

Jack Rothenflue me comentó muchas veces cuánto admiraba la facilidad con la que Scott cargaba el gran peso que caía sobre él como director. También mencionó, varias veces, que jamás le interesaría ocupar el cargo de director. Jack estaba completamente dedicado a su ministerio de cuidado pastoral. Sin embargo, yo sentía una gran confianza en que Jack era el siguiente director que el Señor había escogido par a CTEN USA. Así que, para obedecer a lo que Dios me estaba diciendo, hablé con Jack acerca de esta nueva oportunidad. Respondió exactamente de la manera que esperaba: "No. No me interesa. Me encanta lo que estoy haciendo ahora."

"Pero, Jack," le dije, "¿No deberías, por lo menos, orar al respecto?" (Insertar risa malvada aquí). "Orar al respecto" es lo que me llevó a fundar CTEN. "Orar al respecto" es lo que me detuvo de renunciar al directorio de la escuela en Guatemala. "Orar al respecto" es lo que llevó a Jack a iniciar su viaje por este loco camino de misioneros, en primer lugar. "Orar al respecto" ha llevado a muchos santos a los desiertos de dependencia total, un lugar al cual parece gustarle mucho a Dios llevar a su gente. Tenía la esperanza de que "orar al respecto" también guiaría a Jack hacia la silla del director de CTEN USA.

Servimos a un Dios indomable e impredecible. Le encanta llevarnos a lugares donde lo único que podemos hacer es mirar hacia arriba, como desde el fondo de un pozo. Tenía la esperanza de que Jack, al "orar al respecto", escuchara al Señor decirle, "Vamos a caminar sobre las olas."

Me alegra que Dios honre la obediencia, aun cuando no queremos obedecer. Jack oró, escuchó al Señor, y aunque no se sentía calificado para el trabajo y no quería hacerlo, dio un enorme primer paso de confianza. En abril de 2011, asumió el cargo de director, y ha hecho un trabajo muy notable.

El hecho de que sigamos recibiendo las puntuaciones más altas en *Charity Navigator* y otras organizaciones sin fines de lucro, da fe de sus habilidades administrativas. La paz y armonía entre el personal da fe de sus habilidades de liderazgo pastoral. Su flexibilidad y sensibilidad hacia el Señor hacen que sea una alegría servir con él.

Sigo sorprendiéndome con la calidad de personal que el Señor nos envía y los increíbles misioneros a los cuales el Señor nos ha permitido servir. Y la historia continúa.

Una confesión

Antes de terminar, debo confesar algo. Pero agradecería que esto quede sólo entre tú y yo. Hace unos años, una amiga y yo estábamos hablando sobre *Commission To Every Nation*, cuando, de repente, ella hizo este comentario: "Tienes un gran corazón para las misiones. Desearía ser tan apasionada por las misiones como tú." En cuanto ella dijo eso, sentí algo extraño.

Luego, intenté averiguar por qué su comentario me había provocado una sensación tan extraña. Y tuve una revelación. Yo no tengo "pasión" por las misiones. Quiero ver a Jesús ser establecido como Señor tanto en Estados Unidos como en Uganda, tanto en Camboya como en Canadá. Me emociono tanto cuando una persona se acerca al Señor en St. Paul, Minnesota, o en Sao Paulo, Brasil. Las personas son personas, y el evangelio es el evangelio. No me interesa la nacionalidad, color de piel, cultura o idioma. ¡Todos necesitamos a Jesús!

No me interesa ponerme a pensar en las oleadas de misiones, y cuándo llegará la próxima gran ola. No me interesa mucho explorar las "las implicaciones antropológicas del ministerio de encarnación sobre la efectividad evangelista en las naciones en desarrollo". ¡Apenas puedo decirlo! De hecho, evito ir a convenciones en las que líderes misioneros hablarán sobre estrategias y filosofía. Simplemente no puedo involucrarme en todo ese tema profesional de las misiones.

Así que me he preguntado muchas veces, "¿Qué estoy haciendo liderando CTEN USA y CTEN Canadá? Señor, ¿no debería un líder de una agencia misionera conocer toda la jerga y poder pontificar sobre el futuro de las misiones, o discutir los efectos a corto y largo plazo de los esfuerzos misioneros, etc.?" Realmente no me interesa nada de eso.

Pero realmente amo la tarea que el Señor me ha dado en *Commission To Every Nation*. Me encanta trabajar con nuestro personal. Me encanta conocer y animar a nuestros misioneros. Me emociona tener el privilegio de visitarlos y trabajar con ellos en todas las naciones y culturas donde sirven. Son las mejores personas que he conocido. Están haciendo cosas increíbles y me encanta ser parte de todo esto. Entonces, ¿por qué amo tanto todas las actividades misioneras en mi vida, si no tengo "pasión" por las misiones?

Mi verdadera pasión

A medida que lo pensaba, me di cuenta que mi "pasión" es ayudar a las personas a acercarse a la llenura que Dios puede darles. Mi "pasión" es ver a las personas salir de su zona de confort y arriesgar lo glorioso. Me emociona ver a las persona salir del bote y quedar maravillados ante la respuesta de Dios a su obediencia.

Me encanta ver esa intensificación en el crecimiento espiritual y de fe que ocurre cuando las personas se ponen en una situación en la que son completamente dependientes del Señor. Y luego me encanta ver su admiración cuando él se muestra fiel en la forma más inusual y sorprendente. Esa es mi pasión. Las misiones son, simplemente, una maravillosa herramienta que me permite ver cómo sucede todo eso.

Así que ahora sabes mi secreto. Y esta es la razón por la cual necesitaba compartirlo contigo. Si a mis 20, 30 0 40 años de edad me hubiera sentado a escribir mi plan de vida y me hubiera puesto metas para alcanzar en un periodo de 20 años, junto con los pasos necesarios a seguir para cumplirlas, te aseguro que iniciar una agencia misionera no habría estado dentro de mi radar. Y por eso, me habría perdido el plan de Dios. No tenía idea qué sería lo que me traería tanta alegría. No tenía idea cuáles eran mis más grandes pasiones o cómo descubrirlas. Pero Dios sí sabía.

Y él me guió, aunque me quejé la mayor parte del tiempo, a hacer algo que, al final, me permitió cumplir un sueño que ni siquiera sabía que tenía. Él sabía qué me traería tanta alegría (y a él, tanta gloria), y me guió paso a paso, sin decirme hacia dónde íbamos.

El camino hacia una vida enriquecedora

Ahora ya sabes que no soy el "Sr. Extremadamente Talentoso". No soy el "Sr. Líder Dinámico", ni el "Sr. Visionario Dotado". Tan sólo soy un hombre ordinario. Pero sirvo a un Dios extraordinario, y él es el verdadero secreto que quiero compartir contigo.

Como no hay nada de especial en mí, puedes estar seguro que lo que Dios hizo en mi vida, también puede hacer en la tuya. No, no me refiero a iniciar una agencia misionera (a no ser que él te diga que el mundo necesita otra agencia misionera de mamá y papá). Lo que él quiere hacer es cumplir el sueño que ha puesto en ti, sueños que tal vez no sepas que tienes todavía.

Seguramente crees que esto o aquello te enriquecerá, y tal vez tengas razón. Pero, ¿será posible que Dios tenga un camino para ti que te llevará a un enriquecimiento más profundo de lo que puedas imaginar? ¿Será posible que él quiere hacer más en ti y a través de ti de lo que podías haber imaginado o planeado? ¿Estará el Buen Pastor tratando de llevarte a mejores pastizales que producirán más gozo para ti y más gloria para él?

Es muy probable que el camino que él te señale no parezca ser el camino que te llevará a dónde quieres llegar. Es muy probable que el camino parezca ir en dirección opuesta a donde tú quieres llegar.

Me encantaba trabajar con *Missionary Ventures*. Me encantaba liderar equipos de misiones a corto plazo. Lo último que quería hacer era involucrarme en administración y liderar una agencia misionera. Pero ese era el camino que me señaló el Pastor. Así que la obediencia dijo que ese era el camino que seguiría, aun si lo hacía con una actitud de amargura.

No había manera de saber en ese momento que ese camino también llevaría a oportunidades y alegría más allá de lo que podía haber imaginado. Si hubiera escrito un plan para mi vida, no hubiera sido tan gloriosa como la vida que he vivido, guiado por el maravilloso Pastor.

El Señor te conoce más de lo que te conoces a ti mismo. El Señor sabe lo que realmente te enriquecerá y lo que le dará a él la más grande gloria. El Señor conoce el camino que te llevará hasta allí, y está muy comprometido a guiarte hacia lo que es mejor para ti.

Quiero animarte a seguir las palabras que el Pastor dijo, "Más bien, busquen primeramente el reino de Dios y su justicia, y todas estas cosas les serán añadidas."[64] Quiero animarte a romper las cadenas que te atan a la duda y el miedo, y que te aferres al Señor que te ama, y lo único que él quiere es lo mejor para ti. Sigue al Buen Pastor, aun cuando el camino por el que lleve no parezca ser el correcto.

Muchas veces,
Dios hace cosas a través de nosotros lentamente,
porque nosotros somos lentos en permitirle
hacer grandes cosas a través de nosotros.

— RICK MALM

La vida pronto pasará,
Lo que hicimos por Cristo
es lo único que perdurará.

— C.T. STUDD, PASTOR, AUTOR
Y MISIONERO BRITÁNICO.

LA HISTORIA CONTINÚA
El libro de Hechos continúa siendo escrito

Es extraño, pero el libro de Hechos, que relata la historia de los inicios de la iglesia y las primeras misiones, comienza con una introducción muy formal, pero no hay un resumen o cierre formal. Parece que el autor simplemente se hubiera detenido. No hay un fin.

Obviamente, eso no fue un error. El Espíritu Santo planeó esto para hacernos saber que la historia continúa, y tal vez está siendo escrita por escribanos celestiales. El Espíritu Santo continúa obrando en nuestro mundo y en las personas. Los "hechos" continúan a medida que aceptamos las invitaciones del Señor, y cuando él responde de forma milagrosa a nuestra obediencia. Quiero animarte a ser parte de la historia de Dios que sigue en desarrollo.

Hoy, *Commission To Every Nation* y sus cientos de misioneros están haciendo lo que parecía un sueño imposible hace un par de décadas, cuando Dios empezó a interrumpir mis tiempos de descanso. Las veinticuatro horas del día, en algún lugar del mundo, un misionero de CTEN está sirviendo, dando, tocando vidas con el mensaje del reino de Dios. Somos parte de una gran fuerza de misioneros y agencias misioneras que ayudan a cumplir la promesa hecha a Abraham y bendicen a las naciones.

Tu invitación

Por más emocionante que eso sea, espero que te hayas dado cuenta que este libro no sólo se trata sobre *Commission To Every Nation*, o sobre mí. Es una invitación. Es tu invitación a ser parte de la historia en desarrollo de Dios. Es tu invitación a soñar, a imaginar lo que Dios hará a través de ti cuando abandones lo ordinario, y estés completamente disponible para el Dios de lo extraordinario.

Si crees que esto no es para ti, permíteme hacerte esta pregunta: ¿No deberías, por lo menos, orar al respecto? (Insertar sonrisa amigable.)

Si eres un misionero nuevo o que ya forma parte de CTEN, este libro es para ti. Ahora puedes entender más profundamente el corazón de la organización que te ha acompañado a cumplir el sueño que Dios ha puesto en tu corazón. Ahora sabes por qué todos en CTEN son tan alentadores y están tan seguros de que serás un misionero extraordinario.

Hemos visto miles de personas ordinarias, como tú y yo, salir del bote muy tímidamente, sólo para descubrir que pueden caminar sobre el agua. Y pudieron hacerlo porque el Señor que los llamó tiene el poder, el poder de sostenerlos. Experimentaron la emoción reservada sólo para aquellos que se atreven a dejar la seguridad, el resguardo y la familiaridad de amigos y familiares, para escapar de su zona de confort y aceptar la invitación del Maestro: "Ven."

Si sientes que Dios está interrumpiendo tu tiempo de descanso e invitándote a acompañarlo en una loca aventura, este libro es para ti. Tal vez estés cómodo donde estás ahora y te encanta lo que haces, como me pasó a mí. ¿Por qué no elige Dios a otra persona, alguien mejor calificado, más disponible?

Tal vez te está invitando a ser parte de su ejército de misioneros, trabajando con él para cumplir la promesa que le hizo a Abraham, la promesa de bendecir a todas las naciones. Tal vez seas como Moisés. Ya le has señalado todas las razones por las cuales debería elegir a otra persona. ¿Lograste convencerlo? ¿O simplemente te dijo lo mismo que le dijo a Moisés: "Yo estaré contigo"?

Si eres uno de los miles de contribuyentes que hace donaciones a CTEN, este libro es para ti. Ahora ya conoces la historia y el alma detrás de la agencia en la que inviertes. Tal vez, al compartir algunos de mis retos, has descubierto nuevas cosas por las que puedes orar, o nuevas maneras en la que puedes ayudar a tus amigos misioneros, que seguramente enfrentan las mismas inseguridades y los mismos retos que yo.

Tal vez el Señor también te está invitando a dar un gran paso de fe. Dios no simplemente estrecha misioneros. Está comprometido a ver *tu* fe crecer, y la fe sólo crece cuando está conectada al riesgo. ¿Puedes arriesgar lo glorioso e invertir más en la cosecha de las naciones?

Al igual que aquellos que Jesús observó dando en el templo, la mayoría de nosotros damos de nuestra abundancia, y realmente no sabemos lo que es dar con sacrificio. Él no los condenó por eso, pero sólo elogió a la persona que dio más de lo que era razonable.[65]

¿Alguna vez has sacrificado algo por Dios?

¿Puedes sacrificar algo por Dios? ¿Acaso es posible hacerlo?

Cuando nuestra familia dejó atrás la comodidad de Estados Unidos para vivir en Centroamérica, mi esposa y yo pensamos que estábamos haciendo un sacrificio. Pensamos en todas las cosas que se perderían nuestros hijos al crecer fuera de Estados Unidos. Pero

Dios nos recompensó de tantas maneras, que nos dimos cuenta que no habíamos hecho ningún sacrificio.

De hecho, nunca he podido hacer un sacrificio por el Señor. He intentado. Pero cada vez que doy algo o empiezo algo, él me responde recompensándome con mucho más, muchas veces de manera inesperada. Cada vez que le doy algo al Señor, salgo ganando.

He descubierto que todas las bendiciones de Dios son como el amor: mientras más das, más recibes, y más posees. Tal vez él te está pidiendo que ames más, que confíes más, que camines sobre las olas y veas lo que él hará si sales de tu zona de confort y empiezas a recolectar aún más tesoros celestiales de manera sacrificial.

Hay miles de lugares en los que podrías invertir tu dinero. Nos sentimos honrados y agradecidos que hayas decidido invertir en *Commission To Every Nation*. Nosotros consideramos esa inversión un fondo sagrado.

El valor de tu apoyo no puede ser calculado en este lado de la eternidad. Tus contribuciones permiten que tus amigos misioneros vayan a donde son necesitados. Pero, has recibido la promesa de que cosecharás lo que siembras. Nuestro Dios increíblemente generoso ha diseñado las cosas de tal manera que compartirás la recompensa del trabajo del misionero.[66]

No temas confiar en él. No te aferres a la seguridad del bote si Dios te invita a caminar con él sobre las olas de su milagroso poder. Él es el Dios que tiene el poder para sostenerte.

¿Por qué alguien abandonaría un bote perfectamente seguro?

Por último, este libro es especialmente para ti si te han señalado todas las razones por las cuales no estás lo suficientemente calificado, que no puedes hacerlo, que deberías quedarte en casa, quedarte en el bote, quedarte con los otros discípulos, mantenerte seguro, porque no tienes lo necesario. Después de todo, no eres una súper estrella espiritual. Eres una persona ordinaria.

Verás, yo creo que él tiene un lugar para ti en su historia en desarrollo. Mi esperanza es que este libro te rete a encontrar ese lugar y llegar a él, con la seguridad de que Dios puede y quiere utilizarte. Cualquiera puede ser misionero, o hacer lo que sea que Dios ha puesto en su corazón, pero que no se trata de nuestros requisitos, sino los de él.

Pero, muchas veces, los primeros en desanimarte son buenas personas, como familia y amigos. No entienden por qué alguien abandonaría un bote perfectamente seguro para salir a la tormenta. No pueden evitar preguntarse por qué tendrías tú que recaudar tus propios fondos, dejar atrás tu hogar, familia, y todo lo que te es conocido, para ir a un lugar que es peligroso, en el extranjero, y que, muchas veces, no te quiere ahí, ni a tu mensaje, ni a tu extraño Dios.

Estos amigos quieren lo que es mejor para ti, y no están haciendo nada malo al decidir quedarse en el bote ellos mismos. Ahí es donde pertenecen. Pero, al igual que Pedro, tú recibiste la invitación. Has sido invitado por el mismísimo Señor a unirte a él en la tormenta, a llevar su mensaje y bendecir a las naciones.

Aquellos que dicen que no estás calificado para hacerlo, tienen toda la razón. Esa es una de las razones Dios te eligió. De esta manera, al lograr grandes cosas, nadie tendrá la duda en cuanto a quién se merece el reconocimiento.

Es una idea alocada. Muchas cosas podrían salir mal. Podría ser un gran gasto económico. Podría destrozar tu reputación. Podría destrozar los planes que tenías para tu carrera.

Jesús dijo que serás como oveja entre los lobos.[67] A los lobos les encanta las ovejas… para cenar. Podrías salir lastimado. Tu familia podría salir lastimada. Seamos honestos, hasta podrías morir.

De hecho, sí morirás. Todos los haremos. La verdadera pregunta es, "¿Vivirás antes de morir?" ¿Decidirás obedecer y abandonar la seguridad del bote y arriesgarte por ser obediente?

El bote es seguro. Hay camaradería en el bote. Nadie te cuestionará o criticará si decides quedarte en el bote. Eso es lo que la gente inteligente hace cuando hay una tormenta en el mar.

Pero siempre habrás algunos locos que "no son muy inteligentes, pero son buenos trabajadores". Se niegan a vivir seguros, protegidos y cómodos, o aferrados a una falsa seguridad al haber recibido la invitación del Señor. Al igual que Pedro, responden sin dudar.

No es una invitación para pensar, analizar y considerar todas las posibilidades, porque nadie puede imaginar cuáles son las posibilidades. Nadie puede predecir lo que Dios hará en respuesta a tu paso de obediencia. Nunca lo sabrás hasta que salgas del bote.

Has recibido la invitación que dice, "Ven". La obediencia no significa que todo será fácil. Pedro se sintió sobrecogido y entró en pánico. Pero, cuando clamó, el Señor lo rescató y lo sostuvo. Podía haberse quedado en el bote, haber seguido la sabiduría convencional y mantenerse seco. Pero Pedro caminó sobre el agua. Piénsalo bien. Él… caminó… sobre el agua. ¡WOW!

En medio de la tormenta, con el viento y las olas del mar azotándolo, un hombre ordinario superó la parálisis por análisis. No permitió que la parálisis de preparación lo detenga. Sino que aceptó la loca invitación de su Señor. Abandonó la seguridad y la comodidad, dejó el bote e hizo algo extraordinario. Cuando las cosas se pusieron difíciles, cuando estaba a punto de hundirse, clamó en terror y el Señor lo levantó y le dio el poder para sostenerse de pie.

¿A qué voz escucharás?

Otros discípulos pueden quedarse en el bote. Pero tú has escuchado el llamado. Has recibido la invitación para acompañar al Señor, caminando sobre las olas. Así que es momento de decidir. ¿Escucharás a aquellos que te dicen que las personas cuerdas no abandonan sus carreras, familia, amigos y seguridad para salir en medio de una tormenta de inseguridad?

¿Escucharás a tus propios miedos? Podrías ahogarte. ¿Acaso alguien te ayudará? ¿Qué te hace pensar que tienes lo necesario para hacer esto? Si tan sólo eres una persona ordinaria, no una súper estrella misionera.

¿O aceptas la gentil invitación que escuchas por encima de la tormenta?

"Ven, acompáñame. Caminemos sobre las olas y bendigamos a las naciones."

Eres libre de tomar tus propias decisiones
Pero, al hacerlo, ten en cuenta
Una vez que tomas una decisión
Esa decisión te transformará a ti.

— RICK MALM

Las zonas de confort son lugares agradables,
pero nada bueno crece ahí.

— DESCONOCIDO

¿Por qué enviar misioneros? Las cuatro preguntas más comunes

Primera pregunta: ¿Para qué enviar misioneros si hay tantas personas no creyentes en casa?

Personas muy bien intencionadas me han preguntado por qué enviamos misioneros a otros países, cuando hay tantas personas perdidas en nuestros propios vecindarios. Aquí hay tres razones por las cuales aún debes invertir en enviar misioneros al extranjero.

Acceso

Lastimosamente, sí es cierto que hay millones de no creyentes en Estados Unidos y Canadá, pero también hay millones de creyentes en Estados Unidos y Canadá que pueden hablarles fácilmente sobre el Señor. Además, una persona en Estados Unidos o Canadá puede escuchar las buenas nuevas de Jesús las 24 horas del día, los

7 días de la semana en la radio, la televisión y el internet. Tenemos acceso a libros y revistas cristianas, hay Biblias gratuitas en las habitaciones de hoteles, y hay una iglesia prácticamente en cada esquina. Una persona que busca la verdad en Estados Unidos o Canadá puede encontrarla fácilmente.

Pero hay millones de personas alrededor del mundo que no podrían decirte quién es Jesús ni lo que hizo. Y no hay nadie que comparta eso con ellos y no hay manera que se enteren. Se calcula que en algunas partes del mundo, hay un sólo trabajador Cristiano (un pastor, un líder, misionero, etc.) por cada millón de personas. Estas personas no tienen acceso al evangelio, a no ser que alguien fuera de su mundo llegue y les comparta el mensaje.

Para parafrasear a Oswald Smith, el fundador de *The People's Church* en Toronto, Canadá, "¿Cómo podemos justificar permitir que alguien escuche el mensaje del evangelio muchas veces, y lo rechace, cuando hay tantas personas que ni siquiera han tenido la oportunidad de escucharlo una sola vez?"

No tenemos que escoger

Es muy cierto que hay muchas personas perdidas en nuestro propio vecindario, pero a los cristianos norteamericanos no les cuesta un centavo hablar con sus vecinos. No debemos dejar de apoyar a las misiones en el extranjero para alcanzarlos. Solamente debemos movilizar a la iglesia para ser la iglesia. Podemos alcanzar a nuestros vecinos y continuar enviando misioneros a otros países. No hay motivo para creer que es una decisión de hacer una cosa o la otra.

Obediencia

Jesús nos dijo que seamos testigos en nuestra zona y hasta los confines de la tierra (Hechos 1:8). No nos dio la libertad de elegir hacer una cosa o la otra. Esa debería ser razón suficiente para apoyar a las misiones, "tanto en Jerusalén como en toda Judea y Samaria, y hasta los confines de la tierra."

Si los apóstoles hubieran esperado hasta que todo Jerusalén y Judea y Samaria escucharan el evangelio antes de llegar a los confines de la tierra, es muy probable que hoy en día, ni tú ni yo hubiéramos tenido la oportunidad de conocer a Jesús.

Él vino por todos nosotros, así que todos nosotros debemos ir

"«Todo el que invoque el nombre del Señor será salvo». Ahora bien, ¿cómo invocarán a aquel en quien no han creído? ¿Y cómo creerán en aquel de quien no han oído? ¿Y cómo oirán si no hay quien les predique? **¿Y quién predicará sin ser enviado?"**

— ROMANOS 10:13-15

"Se me ha dado toda autoridad en el cielo y en la tierra. Por tanto, vayan y hagan discípulos de todas las naciones..."

— MATEO 28:18-19

Segunda pregunta: ¿Para qué enviar misioneros, cuando los trabajadores de la zona pueden hacer lo mismo, de mejor manera y a menor precio?

Tomás es un líder respetado en su pueblo maya. Es un ex alcalde y cristiano. Su pueblo confía en él. Él entiende la cultura y habla varios idiomas maya, al igual que el español. Aunque sólo mide un metro y medio de estatura, él es un gigante espiritual. Él arriesgó su vida muchas veces, sin temor alguno, y lideró a su pueblo durante la brutal guerra civil que devastó su tierra. Él y su familia llevan una vida simple, y tan solo por unos dólares de apoyo al mes, podemos llevarlo al pueblo de Ixil, en las montañas del norte de Guatemala, a ministrar por tiempo completo.

Ejemplos como este hacen que muchas personas me pregunten, "¿Por qué enviar misioneros norteamericanos cuando la gente de la zona puede hacerlo?" Es una pregunta lógica, especialmente al considerar que los recursos para las misiones parecen ser tan limitados, y las necesidades son ilimitadas. Es menos costoso. Ya hablan el idioma. No hay barreras culturales. No pueden ser deportados si la ola política se va en contra de los cristianos. Tal vez el momento de enviar misioneros norteamericanos llegó a su fin, y deberíamos apoyar a los trabajadores locales.

Yo apoyo el apoyo a los trabajadores locales

Yo creo en apoyar a personas como mi amigo, Tomás, pero también me preocupa que una mentalidad cerrada de elegir una opción u otra es más un trama que un plan, un trama para perjudicar y frenar la obra de evangelismo mundial. Nuestras opciones no son "Apoyar a los locales o enviar misioneros."

La tarea es tan grande que debemos hacer ambas. Y aquí están algunas razones por la cuales debemos hacerlo.

¿Es menos costoso?

Muchas veces, pero no siempre, es menos costoso apoyar a trabajadores locales. Requieren menos preparación porque hablan en su propio idioma y están en su propia cultura y, generalmente, pueden vivir de manera más sencilla en su país natal. Seamos honestos, a los cristianos nos encantan las gangas. Enviar dinero en vez de enviar personas es mucho más fácil. Implica menos sacrificio. No afecta nuestra zona de confort.

Al igual que un país que contrata mercenarios para luchar por él, nosotros nos quedamos en casa, disfrutamos la comodidad de nuestro sofá y nuestra vida lujosa, mientras pagamos a otros para derramar lágrimas, sangre y sudor. Enviaré $20, o $200, o $2000. Enviaré lo que sea necesario, mientras no tenga que enviar a mis propios hijos, a mi propia carne; mientras no tenga que sacrificarme a mí mismo o perder mi estilo de vida.

Pero Dios nos dio un ejemplo. El más grande misionero de todos, Jesús, abandonó todas las comodidades del cielo para llegar a nosotros, para caminar sobre la suciedad y la basura de la humanidad. Él no envió ángeles para hacer su trabajo. Él vino en carne y hueso para revelar el mensaje de Dios y su gran misericordia. No nos atrevamos, simplemente, a mandar a otros. Todos nosotros debemos ir, así como él vino por nosotros.

Menos costoso no siempre es mejor

"Si parece demasiado bueno para ser cierto, probablemente lo es." "Recibes lo que pagas." Estas son frases tan verdaderas en el campo de las misiones como lo son en otras áreas de la vida. Menos costoso no necesariamente es mejor. El hecho de ser de un determinado país no significa que automáticamente tengas las habilidades, el llamado o el corazón necesario para ministrar de manera efectiva en ese país. Al igual que los ministros norteamericanos, hay algunos que son efectivos, y hay otros trabajadores locales que no son tan efectivos. Y es difícil diferenciarlos a larga distancia.

Es fácil hacer informes, videos, o incluso visitas en el campo de trabajo, que hacen que los "no tan efectivos" parezcan ser muy efectivos. Hay miles de historias de trabajadores locales ineficientes, que simplemente se aprovecharon de la generosidad de las donaciones de sus contribuyentes estadounidenses, y de su ingenuidad. Es imposible evaluar de manera acertada lo que realmente está sucediendo si no tienes personas culturalmente astutas supervisando el campo de trabajo. Menos costoso *es* menos costoso, pero no siempre es lo mejor.

La necesidad es muy grande

En algunos países, no hay suficientes trabajadores locales para hacer esta obra sin tener que pedir ayuda externa. Imagina un país donde sólo hay cinco cristianos por cada 100,000 personas, y esas cinco personas están esparcidas por el mapa, y tienen un entendimiento muy limitado de la fe. Tan pocos creyentes no pueden alcanzar a todo su país sin ayuda externa, sin importar la cantidad de recursos económicos que puedan recibir.

Dios nos ha dado una plataforma poderosa

Muchas veces, los extranjeros tienen una "plataforma" que nos locales no tienen. Mi profesor de español se lamentaba por las veces que había compartido el evangelio con personas que conocía, y ellos no quisieron escucharlo. Y luego apareció un "gringo" con un acento espantoso, tambaleando a lo largo de su presentación sobre el evangelio, y sus amigos aceptaron a Jesús.

Un hombre maya de Kaqchikel me contó que conoció al Señor gracias a un grupo de blancos que visitaron su aislado pueblo. Aun de niño pensó, "¿Por qué vendrían estos blancos ricos a mi pobre pueblo? Lo que tienen debe ser muy importante para venir hasta aquí y compartirlo con nosotros." Él escuchó y creyó.

Como estadounidenses, vamos a rendir cuentas sobre cómo utilizamos esta plataforma que el Señor nos ha dado. Los comercializadores de Hollywood, Nashville y Madison Avenue han aprovechado esta plataforma para difundir películas, música, materialismo y libertinaje alrededor del mundo. Estoy seguro que el mensaje de la iglesia debe ser proclamado desde esta plataforma de privilegio, mientras todavía sigue existiendo en algunos países.

Las personas son personas

Un gran flujo de dinero extranjero para apoyar a algunos trabajadores locales puede crear celos y perjudicar el voluntariado en la iglesia local. Puede dar a pensar que debes ser remunerado (y bien remunerado) para ministrar. Tienes razón, "Los cristianos no deberían pensar de esa forma," pero las personas son personas, sin importar de qué país sean.

Imagina que estás enseñando en la escuela dominical, y descubres que 10 otros maestros están siendo pagados $400 a la semana por enseñar, pero el pastor te obliga a ti a comprar tu propia tiza. Muchos de nosotros tendríamos un problema con eso. Podríamos pensar, "Tal vez no soy lo suficientemente bueno," o "Tal vez realmente no me quieren aquí," o "Esto no es justo," o incluso, "¿Por qué tendría que seguir sacrificando tiempo con mi familia y un mayor ingreso secular si no me aprecian o no me quieren aquí?"

Sus caminos no son los tuyos

¿Te has dado cuenta que muchas veces, Dios no hace lo que a nosotros nos parece lógico? En la Biblia, muchas veces ha llamado a los candidatos menos pensados, y no parecía preocuparse con el costo o la eficiencia de sus métodos.

Bajo nuestros estándares, Dios no parece haber sido un muy administrador de sus propios recursos. Jesús permitió a Judas ser tesorero, aun sabiendo que robaba dinero, y ni siquiera lo enfrentó al respecto.

Saúl fue castigado por no destruir el ganado de los amalecitas. Pero, ¿no estaba Saúl siendo un "buen administrador", haciendo lo que parecía ser lógico, en vez de seguir las instrucciones de Dios?

El Señor no ha revisado ni revocado su mandato de, "Vayan por el mundo." No pensemos seguir el ejemplo de Saúl y tratar de improvisar sobre el plan de Dios porque tiene mejor sentido económico para nosotros. El dinero no es un problema para Dios; pero la desobediencia sí lo es.

Obviamente, no estoy diciendo que debemos ser descuidados o desperdiciar los recursos de Dios, pero nunca debemos olvidar que son *sus* recursos, no nuestros. Y porque son de él, debemos seguir sus instrucciones en cuanto a cómo utilizarlos, aun si su plan no parezca ser el más eficiente o efectivo para nosotros.

Conclusión

La obediencia continúa siendo la manera en la que Dios mide el éxito, y la gran comisión de "ir" aún está en su palabra. La tarea es tan grande, que necesitamos todas las "manos a la obra". Debemos seguir enviando trabajadores extranjeros, trabajadores locales, y todas las personas que responderán a este llamado. Mientas la cosecha siga siendo abundante y los trabajadores sigan siendo escasos, no puedo decirle a alguien que escucha el llamado de Dios, "Lo siento, no puedo ayudarte porque no eres de aquí."

Tercera pregunta: ¿Para qué enviar misioneros a países donde ya se conoce el evangelio?

Era una muy mala noticia. Quería dar palabras de aliento, pero no había nada que podía decir que sería de ayuda.

Una pareja de misioneros me dijo que su iglesia de origen ya no podría ayudar a su ministerio económicamente porque el directorio de misiones decidió que sólo apoyarían a misioneros que van a zonas donde hay grupos de personas que no han sido alcanzadas por el evangelio.

La pena no era solamente por los fondos, aunque era obviamente penoso. Pero la iglesia en la que ellos adoraban, se reunían, reían y amaban, la iglesia que los mandó al campo de las misiones, no estaba diciendo que el ministerio al cual estaban dedicando sus vidas ya no era válido, o que ya no era necesario, o al menos que ya no valía la pena apoyarlo económicamente. Su iglesia de origen dijo que ya no podía "desperdiciar" dinero de misiones en ellos. ¿En serio?

¿Por qué grupos de personas no alcanzadas?

Un grupo de personas no alcanzadas es un grupo en el que no hay suficientes cristianos para poder evangelizar a todas las personas del grupo. Este grupo sólo puede ser alcanzado si se envía refuerzos externos para ayudar a los cristianos locales. Nadie pone en duda la necesidad de enviar misioneros a estas áreas, pero este es el problema que yo veo si se decide apoyar solamente a misioneros que trabajan con grupos de personas no alcanzadas

Se trata de discipulado

Es cierto que debemos alentar hacer más trabajo entre las personas no alcanzadas. Pero el mandato de Jesús no es solamente alcanzar a las personas, no solamente convertirlas. Él dijo que hiciéramos discípulos. Eso significa que alcanzar a las personas no es suficiente. No sólo debemos ir; también debemos estar preparados para quedarnos. Hacer discípulos no es decir, "Ya fui, lo hice, lo tacho de mi lista, y ahora vámonos."

Toma tiempo hacer discípulos. Significa crear relaciones de confianza. Y no es tan glamoroso. No da lugar a estadísticas medibles o una buena oportunidad para tomar fotografías. Y, ciertamente, no es tan emocionante como "ir a donde ningún cristiano ha ido antes", pero es lo que se nos dice que hagamos.

Se trata de obediencia

Me uní a las fuerzas armadas en tiempos de guerra. Pedí que se me asignara en el exterior, pero me asignaron a otro estado. Estaba seguro que las necesidades eran mayores en el exterior, en la zona de combate. Pero, si desobedecía mis órdenes y me iba la línea de combate por decidir que la necesidad era mayor ahí, podía haber sido denunciado por deserción. Los soldados deben reportarse para el deber donde son asignados.

¿Están todos los misioneros que trabajan en áreas "alcanzadas" equivocados en cuanto a dónde Dios los ha asignado? ¿Quería Dios, en realidad, enviarlos a un grupo de personas no alcanzadas, pero no entendieron bien o rechazaron el llamado para ir a donde querían ir? ¿Me atrevo a hacer ese tipo de juicio?

Se trata de las personas

Algunos pueden preguntarse, "Si una iglesia quiere apoyar a misioneros que trabajan con grupos de personas no alcanzadas, ¿sus misioneros actuales no podrían, simplemente, ser reubicados para trabajar con personas no alcanzadas?"

Seguramente podrían, pero…

Los misioneros y sus familias no son peones en un tablero de ajedrez que podemos mover casualmente de una celda a otra cada vez que nos emocionemos con una nueva estrategia. Muchos de ellos han servido durante años, edificando confianza y ministerios efectivos en un área o entre un grupo de personas. Aprender las sutilidades del idioma, descubrir las claves de la cultura y ganar una audiencia en un grupo de personas puede tomar décadas. Mudarse significa abandonar años de tiempo, talento y tesoros invertidos, y honestamente, puede significar ir a un lugar donde no sienten el llamado para servir.

¿Por qué el doble estándar?

Obviamente, Estados Unidos y Canadá son países alcanzados. ¿Ya no deberíamos enviar misioneros a campos norteamericanos? ¿No deberíamos ya tener misioneros que trabajen con las fuerzas armadas o en zonas urbanas de alto riesgo, con las personas que viven en las calles y con aquellas que son esclavas de la prostitución? ¿No deberíamos apoyar a aquellas personas que luchan para detener el holocausto del aborto y tráfico de personas, sólo porque Estados Unidos y Canadá son "países alcanzados"?

Si es legítimo apoyar ministerios que luchan en estas áreas tan cruciales y oscuras en nuestro propio país, entonces, ¿cómo podemos decir que no es legítimo apoyar a aquellos que luchan la misma batalla en otros "países alcanzados"?

¿Qué lugares son realmente "alcanzados"?

¿Deberíamos dejar de enviar misioneros a Filipinas, Europa, Latinoamérica, partes de África y Asia, o incluso Norteamérica porque hay demasiados cristianos en esos países?

¿Deberían los misioneros abandonar su trabajo de cuidar a los huérfanos y viudas, los refugiados y los rechazados? ¿Deberían dejar de luchar contra la trata y tráfico de personas, de salvar a mujeres y niños abandonados y abusados, cuidar a las víctimas de guerra, de enfermedades, de familias desestructuradas, y otros frutos del pecado y de la humanidad perdida, sólo porque la población ha alcanzado un porcentaje predeterminado al azar de cristianos?

¿Acaso no hay una causa?

Hay una necesidad de enviar misioneros a grupos de personas no alcanzadas, pero aún se necesita personas como Aarón y Jur, que acompañen a fuertes líderes locales para ayudarlos a sostener las manos en alto, para animarlos y servir.[68] Continúa habiendo una necesidad astronómica en naciones "alcanzadas" que requiere que continuemos enviando a aquellos que Dios ha llamado para esas naciones.

Las tendencias van y vienen en las misiones, como lo hacen en la sociedad secular. Pero la sabiduría nos obliga a no abandonar todo lo que se ha hecho hasta ahora, sólo para seguir una nueva tendencia. En cambio, debemos mantenernos en curso, seguir las instrucciones del Señor, y continuar con nuestra tarea de "ir y bendecir a **todas** las naciones".

El mandato no es solamente convertir a aquellos que nunca han escuchado el evangelio. Debemos hacer discípulos en todas las naciones.

Cuarta pregunta: ¿Para qué enviar misioneros, si destruyen culturas nativas?

Si repites una mentira una y otra vez, pronto se convertirá en un hecho muy bien conocido. Un ejemplo de estos "hechos" es que los misioneros destruyen culturales locales. Obviamente, los misioneros cometen errores, y algunos han exportado su propia cultura, pensando que era cultura bíblica. Pero, déjame compartir contigo una historia que ofrece otro punto de vista.

Acababa de terminar de trabajar con un equipo médico/dental por dos semanas en las montañas de Guatemala, en Centroamérica. De regreso a Ciudad de Guatemala, paramos en uno de los lugares más hermosos de la tierra, el Lago Atitlan. Cruzamos el lago en bote para visitar algunos pueblos para que los médicos pudieran disfrutar un pequeño descanso de su cansador horario de las últimas dos semanas.

Estaba caminando con uno de los médicos, cuando nos cruzamos en el camino con una mujer, una indígena maya Tzutujil, que trabajaba bajo un árbol a un lado del ancho camino por el que íbamos. Una cerca de palos hecha a mano, de aproximadamente un metro de alto, nos separaba y delineaba la pequeña propiedad de su familia a un lado del camino. En una esquina del pequeño terreno, se encontraba una casa de adobe de una habitación, con piso de tierra, y ella estaba sentada en una esquina para cerrar el paso. Estaba vestida con una blusa y una falda colorida, típica de su tribu, aunque ya estaban descoloridos por el tiempo y el polvo. Se sentaba en la tierra, tejiendo con un telar que estaba atado a su espalda, común en esa área. Nos detuvimos por un momento para admirar su artesanía y la escena tan pictográfica.

Seguramente tenía alrededor de unos cuarenta años de edad, pero una vida dura le daba la apariencia de una anciana de setenta años. Le comenté al médico que ella trabajaría en esa pieza por semanas, o hasta meses, y que sólo ganaría unos pocos dólares por su trabajo. Seguramente tiene varios hijos a quienes cuidar, y probablemente perdió uno o dos de ellos a alguna enfermedad, malnutrición, o falta de cuidados prenatales. Si su esposo seguía con ella, podría estar a horas de distancia en la costa, trabajando en los campos de caña, o podría ser un ebrio que sólo llega a casa a violarla y tomar cualquier cantidad de dinero que encuentre. La vida de pueblo es dura.

Después de unos minutos, otro "turista" se detuvo e inició una conversación. Dijo que era de Israel y nos preguntó qué hacíamos en Guatemala. El médico contestó, "Soy un médico misionero."

Me gusta la parte de "médico"

Nuestro nuevo amigo respondió, "Me gusta la parte de 'médico', pero no me gusta la parte de 'misionero'. Los misioneros destruyen la cultura nativa de los pueblos."

Mi amigo médico respondió muy tranquilamente, "¿Y qué parte de su cultura estás tan preocupado en proteger? ¿La parte en la que el un hombre se embriaga de manera rutinaria y golpea a su esposa? ¿O la parte que trata a las mujeres como animales de carga? ¿O la parte que prohíbe a las niñas tener acceso a la educación que podría ayudarlas a salir de la pobreza? ¿O qué tal la parte en la que las mujeres cocinan sobre una fogata en una pequeña habitación, de tal manera que sus pulmones se llenan de humo?"

Nuestro nuevo amigo dio media vuelta y se fue. Creo que estaba ofendido. Pero el médico estaba siendo mucho más gentil de lo que yo hubiera sido.

Luego de haber vivido y trabajado con la gente maya, la actitud políticamente correcta de este turista se me hizo reprensible. Trata a los indígenas como accesorios para tomar coloridas fotografías, como animales viviendo en un zoológico que deben mantenerse "como están" para el placer del visitante.

Aquellas personas que promueven las gloriosas virtudes de las culturas nativas no se identifican con las personas lo suficiente como para verlos como seres humanos. ¿Qué me hace decir algo tan prejuicioso sobre su preocupación por preservar la cultura?

La pregunta crucial

Siempre quiero preguntar, "Si fuera esa tu madre, sentada en la tierra, lidiando con las dificultades de la vida diaria que esta pobre mujer debe enfrentar, ¿estarías tan comprometido a mantener su cultura? ¿O harías algo, lo que fuera, para darle una vida mejor?"

¿Podrías tomar una fotografía y luego seguir tu camino, hablando acerca de lo hermosa que es su vida, si esa fuera tu hija y supieras que hay una alta probabilidad que será violada y quede embarazada para cuando tenga 16 años de edad? ¿Sería la preservación cultural tu preocupación primordial si esa fuera tu hermana y supieras que la falta de educación y oportunidades harán que quede atrapada en la pobreza, durmiendo en tierra, sin acceso a cuidados médicos y dentales y sin esperanza de un mejor futuro?

¿La animarías a continuar cocinando en una pequeña habitación, sobre una fogata, sabiendo que este pequeño detalle de su cultura la expone a la inhalación de dióxido de carbono, provocando enfermedades respiratorias y haciéndole daño a sus hijos, tanto los que ya han nacido como los que están en su vientre?

Si no puedes celebrar una cultura que haría estas cosas a tu madre, o a tu hija, o a tu hermana, ¿cómo puedes pensar que es virtuoso insistir en que esta pobre mujer, o cualquier ser humano, siga atrapado en tremenda miseria? Tal vez porque es un lugar que se muy lindo en fotografías. Tal vez porque te permite contar historias maravillosamente interesantes sobre lo felices que son estas personas. "Mira cómo sonríen en mis fotografías con ellos."

Algunas personas me han dicho, "Se acostumbran," o "No conocen otra realidad." En primer lugar, cuando te acercas lo suficiente a estas personas como para que se abran contigo y compartan lo que hay en su corazón, sus esperanzas, sus sueños y miedos, te das cuenta que eso no es cierto.

¿Cómo se "acostumbra" una persona al hambre constante, o a ver cómo se les cae el cabello a sus hijos por desnutrición? ¿Crees que se acostumbran a ver a sus hijos morir de enfermedades que pueden curarse fácilmente? ¿Que no les molesta porque "no conocen otra realidad"? Sólo los "expertos" externos creen en estas tonterías.

No es que no conozcan otra realidad. No es que se acostumbren. No es que están comprometidos a preservar las cadenas de su cultura indígena. No tienen muchas opciones, y la mentalidad políticamente correcta del encargado del zoológico no les permite avanzar hacia una mejor vida para ellos y sus hijos. Mantengámoslos pobres y sentados en la tierra para poder tomar increíbles fotografías para mostrar a nuestros amigos.

¿A qué cambios te opones?

Sí, los misioneros cambian las culturas. En India, las viudas ya no son quemadas vivas u obligadas a suicidarse porque su esposo falleció. Matanzas por venganza y el canibalismo ya no son permitidos en muchas tribus de la jungla. Hasta he escuchado a estudiosos arrogantes lamentar la pérdida de estos horrendos aspectos de la "cultura". ¡Qué increíble!

Misioneros han luchado para cambiar a las culturas indígenas que promueven la mutilación femenina (erróneamente llamada castración femenina), sacrificio humano y la esclavización de tribus conquistadas. Han luchado para salvar las vidas y la dignidad de niños discapacitados que son descartados por considerarse malditos en muchas culturas.

Buscan liberar a las personas del alcoholismo y adicción a las drogas, que destruyen familias y la misma base de la sociedad. Trabajan para frenar la trata y tráfico de personas, esclavitud sexual, el trato de mujeres como si fueran propiedad, y tratar a los niños como esclavos que deben trabajar y renunciar a la educación.

¿Realmente crees que lo hacen solos?

Pero, ¿qué persona pensante cree que un misionero puede cambiar una cultura, si las personas no ven un beneficio personal en ese cambio? Un misionero no puede simplemente decir, "Haz las cosas de esta forma", y hacer que todo un grupo de personas obedezcan sin pensar. Al igual que todos nosotros, las personas cambian cuando experimentan un beneficio para sí mismos y para sus familias. De otra manera, no lo hacen.

Vive lo que predicas

Por último, si aplicas esta filosofía de "preservar la cultura" a nuestro país, Henry Ford, Thomas Edison y muchos otros guerreros de derechos humanos pasan de ser héroes a villanos. Nuestra cultura definitivamente ha cambiado.

A no ser que seas Amish, ya no dependes de caballos y coches para el transporte. Los niños ya no necesitan trabajar desde el amanecer hasta el anochecer en minas de carbón o fábricas. Las mujeres pueden votar y ya no lavan ropa hecha a mano con un tablero para lavar. La esclavitud es ilegal y la educación para los niños es obligatoria.

Para aquellos que creen que preservar las culturas nativas es una meta noble, sugiero que primero lo intenten en casa antes de tratar de convencer a otros. Hagan que todos se deshagan de los teléfonos celulares, laptops y televisores que han cambiado nuestra cultura tan dramáticamente. Hagan que retornen a la raíz de su cultura y al estilo de vida de sus ancestros. Y luego, si descubren que los caballos son mejor que los automóviles, que las velas son mejores que la luz eléctrica, que sangrar es mejor que la penicilina, que cazar es mejor que ir al supermercado, que dormir sobre el suelo es mejor que dormir en una cómoda cama, etc., etc., etc., entonces pueden ponerse de pie, con toda autoridad, y proclamar la gloria de preservar las culturas nativas.

El cambio es inevitable

Las culturas van a cambiar, sin importar si hay misioneros involucrados o no. En vez de destruir culturas, los misioneros han guiado el cambio, muchas veces, por un camino positivo, que ha protegido a las poblaciones vulnerables de aquellos que sólo los explotarían.

Los misioneros han sido los que hacen todo lo posible por preservar los aspectos positivos de las culturas nativas, muchas veces pasando su vida entera aprendiendo un idioma, creando un alfabeto, y luego produciendo registros escritos de ricas historias y tradiciones tribales, para que el idioma y la cultura puedan ser preservados.

Cuando vemos a los nativos como seres humanos, que valen lo mismo que nosotros, en vez de accesorios para sacar una buena fotografía, la compasión nos llevará a hacer todo lo posible para ayudarlos a mejorar sus condiciones. Pero recuerda, las personas sólo adoptan cambios culturales que demuestran ser de beneficio para ellos. Rechazarán los que no son. Al final, depende de ellos preservar o cambiar su cultura.

Para saber más acerca de esta pregunta desde la perspectiva de un misionero/estadista, busca: *Do Missionaries Destroy Cultures?* por Don Richardson — *http://bit.ly/2g0WKpg*

Discurso de Gladys Aylward

Gladys Aylward fue una misionera británica en China, an-tes y durante la Segunda Guerra Mundial. La película *The Inn of the Sixth Happiness* está basada en su obra, pero presenta un encuentro altamente ficticio. El libro *The Small Woman*, de Alan Burgess, ofrece una imagen más real de su vida y ministerio.

Esta transcripción es de una grabación, después de su retorno a Gran Bretaña en 1948. Intentó regresar a China en 1958, pero le negaron la entrada, así que se fue a Taiwán, donde murió en 1970, a la edad de 67.

Quise incluir esta transcripción por varios motivos.

1. Ella es un maravilloso ejemplo de una persona ordinaria y "descalificada" que se estaba dispuesta y vio a Dios hacer cosas increíbles a través de ella.

2. Demuestra su falta de capacitación, habilidades, y estudios previos sobre el país y la cultura a la que Dios la envió. Mientras no hay motivo para aplaudir su ignorancia, también demuestra que si vamos a ser efectivos, debemos re-

cordar que es porque Dios tiene el poder, no por nuestros estudios, estrategias o habilidades.

3.   Ella comparte de manera conmovedora algunos de los obstáculos que tuvo que superar, incluyendo la desaprobación de su familia. Su historia podría animar a otros que estén lidiando con situaciones similares.

4.   Tal vez el motivo más importante por el cual incluyo esta transcripción aquí es porque mi sueño es que, cuando la futura Gladys Aylward sienta a Dios decirle, "Ve", no tendrá que enfrentar obstáculos adicionales por parte de las agencias misioneras y las personas que deberían estar ayudándola. Mi sueño es que encuentren a CTEN, y a muchos otros, animándolos, alentándolos y ayudándolos a cumplir el sueño que el Señor les dio, y el de las personas a las que él los está enviando.

SU DISCURSO

"Cuando fui a China, nunca en mi vida había visto una persona china. Ni siquiera sabía dónde era China. Para mí, era un punto negro en algún lugar del mapa. Y me temo que me impactó tremendamente cuando me enteré lo grande que era. Yo sólo conocía esa pequeña y verde isla de Inglaterra, y ahora, delante de mí, tenía a esta gran, enorme, maravillosa y hermosa tierra, junto con sus millones de corazones dolientes y hambrientos. Realmente creo que Dios me envió ahí.

"Verás, un día, él se cruzó en mi camino y me dijo, 'Ven', así que fui. Y luego me dijo, 'Tú no puedes hacer nada, y lo sabes. Yo haré todo a través de ti.'

"Y recuerdo estar de ida a casa, cuando sentí que Dios me llamaba para ir a China, y le dijo a mi padre, 'Papá, me gustaría ir a

China.' Y mi padre, un hombre bastante callado, pero bastante estricto, estaba sentado y me dijo, '¿Y qué crees que vas a hacer allí?'

Y le dije, 'No lo sé.'

'Bueno, no eres enfermera, ¿o sí?'

'No, no lo soy.'

'Bueno, entonces no puedes cuidar a nadie.'

'No,' le dije, 'no puedo.'

'Y no puedes enseñarle nada a nadie, ¿o sí?'

'No,' le dije, 'no puedo.'

"Y, de repente, se dio la vuelta y me miró, diciendo, 'Oh, por Dios, sal de aquí. Lo único que haces es hablar.'

"Y recuerdo dar la vuelta y salir por la puerta de la cocina, y pararme en un pequeño pasaje al final de la escalera, y... bueno... ponerme a llorar. Él no entendía, Dios lo bendiga, porque, verás, Dios no lo había llamado a él. Pero sí me había llamado a mí.

"Y luego, de repente, en medio de mi llanto, me vino esto a la mente: Bueno, ¿eso es todo?

"Y, parada ahí, dije, 'Oh, Señor, él dijo que lo único que hago es hablar. Así que, está bien, hablaré. Y hablaré, y hablaré, y hablaré, y hablaré, y seguiré hablando, pero será para ti.'

"Nadie, especialmente mi querido padre, soñó en lo reales que se convertirían estas palabras. Casi desde ese mismo momento, Dios puso palabras en mi boca, y he estado hablando sin parar desde entonces."[69]

Imágenes

Logotipo de *T.E.A.M. Missions* (1994 -1999)

Logotipo original de CTEN (1999-2010)

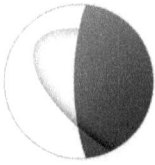

Segundo logotipo de CTEN, adoptado en noviembre de 2010

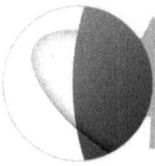

Logotipo de CTEN Canadá

Oficinas de *Commission To Every Nation* en Texas

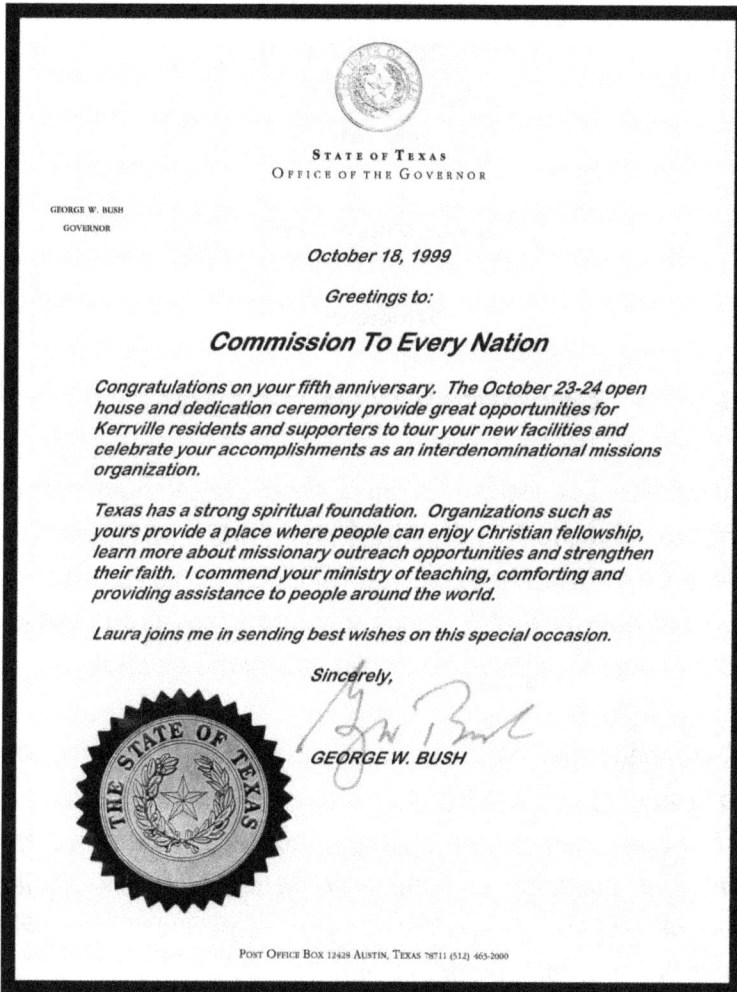

STATE OF TEXAS
OFFICE OF THE GOVERNOR

GEORGE W. BUSH
GOVERNOR

October 18, 1999

Greetings to:

Commission To Every Nation

Congratulations on your fifth anniversary. The October 23-24 open house and dedication ceremony provide great opportunities for Kerrville residents and supporters to tour your new facilities and celebrate your accomplishments as an interdenominational missions organization.

Texas has a strong spiritual foundation. Organizations such as yours provide a place where people can enjoy Christian fellowship, learn more about missionary outreach opportunities and strengthen their faith. I commend your ministry of teaching, comforting and providing assistance to people around the world.

Laura joins me in sending best wishes on this special occasion.

Sincerely,

GEORGE W. BUSH

POST OFFICE BOX 12428 AUSTIN, TEXAS 78711 (512) 463-2000

Carta de felicitaciones enviada a *Commission To Every Nation* de parte del gobernador de Texas en ese entonces, George Bush, al momento de dedicar nuestras primeras oficinas.

ESTADO DE TEXAS
OFICINA DEL GOBERNADOR
GEORGE W. BUSH
GOBERNADOR

18 de octubre, 1999

Saludos a:

Commission To Every Nation

Felicitaciones en su quinto aniversario. El open house y la ceremonia de dedicación del 23-24 de octubre ofrecerán a los residentes y contribuyentes de Kerrville una gran oportunidad de visitar sus nuevas instalaciones y celebrar sus grandes logros como una organización misionera interdenominacional.

Texas tiene una base espiritual muy fuerte. Organizaciones como la suya ofrecen un lugar para que las personas puedan disfrutar la confraternización cristiana, aprender más sobre oportunidades de participar en ministerios de largo alance y fortalecer su fe. Aplaudo su ministerio que ofrece enseñanza, consuelo y ayuda a personas alrededor del mundo.

Atentamente,
GEORGE W. BUSH

Personal de Commission To Every Nation en 1999

Fila posterior: Rick Malm; Scott Walston, Director Asociado; Buddy Slate, Cuidado y mantenimiento de instalaciones; Joyce Slate, Contaduría.

Fila anterior: Jana Malm; Jonathan Malm, IT/Web; Charlsie Cawthon, Publicaciones.

Personal de *Commission To Every Nation* en 2017

Primera fila (de izquierda a derecha): Jack y Carol Rothenflue, Director de CTEN USA; Jana y Rick Malm, Fundadores y Presidente; Jana y Trevor Eby, Director CTEN Canadá.

Fila 2: Birdie y Dick Johnson, Cuidado pastoral; Tammie y Stephen Burger, Cuidado pastoral; B y Bob Nesbitt, Cuidado pastoral; Regiones Sensibles, Cuidado pastoral.

Fila 3: David y Janice Ewing, Cuidado pastoral; Rob y Joany Wills, Cuidado pastoral; Rita Hall, Asistente de publicaciones; Tess Polk, Asistente de publicaciones; Debi Stamm, Encargada de publicaciones.

Fila 4: Angie Newby, Auditora; Trinette Zirkel, Administradora financiera; Laura Lee, Cuidados a contribuyentes; Sylvie Beveridge, Cuidados a contribuyentes en Canadá; Donna Ellis, Cuidados a contribuyentes; John Hauk, Administrador financiero en Canadá; Marcia Wortman, Asistente del presidente; Buddy Slate, Cuidado y mantenimiento de instalaciones; Sherri White, Asistente ejecutiva del presidente en Estados Unidos; Mariko y Heath Meikle, Catalizadores de misiones en Canadá

REFERENCIAS

1   Efesios 2:10 NLT
2   Hebreos 10:29
3   Efesios 2:7
4   Salmo 103:14
5   Romanos 13:11, 12 NLT; Lucas 10:2
6   Efesios 2:10
7   Hechos 4:13
8   I Corintios 1:27
9   1 Samuel 22:2
10 1 Samuel 9:2
11 Romanos 14:4 NVI
12 Juan 3:30 NVI
13 Romanos 14:4 NVI
14 Romanos 14:4
15 Eclesiastés 10:10
16 Hechos 4:13
17 2 Pedro 1:5 NVI
18 1 Corintios 2:1-2 NLT
19 Santiago 4:6, 1 Pedro 5:5
20 2 Corintios 4:17 NVI
21 Romanos 10:14
22 Génesis 32
23 San Juan de la Cruz
24 Salmo 71:20 NLT
25 Lucas 4:1,14
26 2 Timoteo 2:12; Romanos 8:17; 1 Pedro 4:13; Santiago 1:2
27 Isaías 53:3
28 Santiago 1:2-4 NLT
29 Filipenses 2:7
30 1 Corintios 4:13
31 2 Corintios 8:21 NVI
32 G. Campbell Morgan
33 2 Corintios 9:7 NVI
34 Discurso *The Strenuous Life* de Theodore Roosevelt, 1899
35 Marcos 8:19, 20
36 Mateo 9:37
37 Marcos 2:27 NLT
38 1 Tesalonicenses 5:24, Romanos 14:4
39 Lucas 10:2 NLT
40 Mateo 10:42
41 Lucas 22:35 NVI
42 1 Corintios 3:12
43 Filipenses 4:12-13 NVI
44 Hechos 12

45   ***William Carey*** *(1761-1834), muchas veces reconocido como el "padre de las misiones modernas", tuvo que luchar contra el pensamiento prevalente de su época, que era que la gran comisión sólo era para los discípulos originales. La mayoría de las iglesias no estaban interesadas en enviar misioneros. Al final, él formó una sociedad misionera que lo envió a la India.*

46   ***Gladys Aylward*** *(1902-1970) fue rechazada para ser misionera por su edad y falta de educación. Incluso su propio padre le dijo de manera cruel lo descalificada que era (ver Apéndice 2). Ella sobrevivió valientemente a la oposición y se convirtió es una misionera altamente respetada entre el pueblo Chino.*

47   Hechos 15:39

48   Hechos 16:6-10

49   Hechos 16 & 19

50   2 Corintios 11:27

51   Lucas 6:38

52   Proverbios 19:17 NLT

53   1 Corintios 1:27, 28 NLT

54   Deuteronomio 7:9 NLT

55   Salmo 103:14

56   Proverbios 22:7 NVI

57   Marcos 14:34

58   2 Corintios 1:8-9

59   Éxodo 17:8-12

60   1 Reyes 17

61   Lucas 16:12

62   Santiago 4:8

63   Romanos 8:28 NLT

64   Mateo 6:33

65   Marcos 12:43

66   Mateo 10:41

67   Mateo 10:16

68   Éxodo 17:12

69   Discurso de Aylward disponible en *https://youtu.be/3_xngUfIL6U*